AF187855

Johann Uphagen

Ehrenrettung der älteren polnischen Geschichtschreiber

gegen die neulich im Drucke erschienene gründliche Nachricht von den

Herzogen von Pommern Danziger Linie

Johann Uphagen

Ehrenrettung der älteren polnischen Geschichtschreiber
*gegen die neulich im Drucke erschienene gründliche Nachricht von den Herzogen
von Pommern Danziger Linie*

ISBN/EAN: 9783743498020

Hergestellt in Europa, USA, Kanada, Australien, Japan

Cover: Foto ©ninafisch / pixelio.de

Weitere Bücher finden Sie auf **www.hansebooks.com**

Ehrenrettung

der älteren

Polnischen Geschichtschreiber

gegen die neulich im Drucke erschienene:

Gründliche Nachricht

von den

Herzogen von Pommern

Danziger Linie:

worinn zugleich die Nachrichten der Polnischen Schriftsteller
von dieser Materie geprüft w

1 7 7 4.

Ehrenrettung
der älteren
Polnischen Geschichtschreiber
gegen die neulich im Drucke erschienene:
Gründliche Nachricht
von den
Herzogen von Pommern
Danziger Linie:
worinn zugleich die Nachrichten der Polnischen Schriftsteller von
dieser Materie geprüft werden.

Es hat neulich einem Berlinischen Gelehrten gefallen, die Nachrichten der Polnischen Schriftsteller, von den Herzogen von Pommern Danziger Linie, seiner Prüfung zu unterwerfen. Ich kann zwar nicht sagen, daß Er in der Hauptsache mich durch seine Gründe überzeugt habe, ob ich gleich seiner Schrift sonst gerne alle Vorzüge eines guten historischen Geschmacks, und demselben gemäßer Schreibart, zugestehe.

Da indeſſen unſere beyderſeitigen Privatmeynungen, ſie mögen ſo verſchieden ausfallen, als ſie wollen, der Welt vollkommen gleichgültig ſeyn können, und in die öffentlichen Begebenheiten natürlicher Weiſe keinen weitern Einfluß haben, ſo hoffe ich, daß man es einem Ausländer nicht verdenken wird, wenn er über beſagte Prüfung eine beſcheidene Gegenprüfung anſtellt.

Ich werde alſo, mit Vorausſetzung desjenigen, was bereits mehrere vor mir, inſonderheit die Verfaſſer des Precis des recherches ſur la Pomeranie, und der Diſcuſſion des raiſons alleguées dans l' Expoſé des Droits &c. hinlänglich ausgeführt haben, in ſo weit es bisher weder widerlegt worden, noch auch, nach meiner geringen Einſicht, einiger Verbeſſerung bedarf; denn daß ich beſonders dem letztern nicht in allem beyſtimme, kann jeden die Vergleichung unſerer Schriften lehren; in möglichſter Kürze zu zeigen ſuchen, daß diejenigen Sätze, auf welche ſich unſer Verfaſſer einſchränkt, noch lange nicht ſo ausgemacht ſind, als er uns glauben machen will.

I.

Sollte Pomerellen vor 1466. nie zu Polen gehört haben?

Was hierüber in den drey erſten Paragraphen geſagt wird, kann ich füglich als zur Sache nicht gehörig überſchlagen, da iſt nicht von uralten Zeiten, vor Stiftung des Polniſchen Reichs, die Rede iſt.

Ich komme alſo gleich auf die im vierten §. geſchehene Erwähnung eines gewiſſen König Burislavs [1]), der der Nordiſchen Geſchichte zu Folge, unter den Sächſiſchen Kaiſern, an det Oſtſee bekannt geweſen ſeyn ſoll. Es iſt dieſes aber nicht irgend ein unbekannter Slaviſcher Fürſt in den noch heidniſchen Gegenden an der Oſtſee, ſondern kein anderer, als der ehemalige große Polniſche König Boleslaus I, der von ſeinen tapfern Thaten den Beynamen Chrobry führt. Dies erhellet deutlich, wenn man ſich erinnert, wie unzuverläßig die Nordiſche Zeitrechnung vor, und auch noch anfänglich nach der Einführung des Chriſtenthums iſt, und alsdenn die aus eben denſelben Quellen geſchöpfte Anmerkung des Stephanus Joh. Steph. [2]), zu einer Stelle des
Saxs

---

1) Seite 8.
2) Stephani Johannis Stephan. Notae 199.

                       vberiores in Sax. Gram. H. Dan. pag.

Caro Gramm. 3) dazu nimmt, worinn von einem gewiſſen berühmten Nordiſchen Seehelden Palnatok erzählt wird, daß er von dem Slaviſchen Beherr-
ſcher Burislav, Burislaus Sclauiae Princeps, eben demſelben, deſſen Tochter
der ſchon chriſtliche König Olof Tryggeſon ſich vermählte 4), Olauus Tryg-
guefon f. Graecus Geiram Burislaifi Vandaliae Regis filiam vxorem duxerat,
zum Statthalter der Wendiſchen Gränzen eingeſetzt worden; ſatrapa & cu-
ſtos limitaneus totius Vandaliae. Es hindert nichts, daß er noch ein Heide
geweſen; denn die Gegend, der er vorgeſetzt wurde, war damals auch noch
heidniſch, und lag außerhalb des ſchon chriſtlichen Polens; wo hätte auch König Boleslaus einen des Seeweſens genugſam kundigen Herrn unter ſeinen
chriſtlichen Unterthanen gefunden?

An den geringen Unterſchied des Namens darf man ſich deſto weniger
ſtoßen, da eben dieſer Boleslaus bey einem Italiäniſchen Schriftſteller derſelben Zeit, der es doch wohl ehe hätte beſſer wiſſen können, Busclauus Rex
Sclauonicus heißt 5). Daß dieſes Herrn Macht aber ſich gar wohl bis in die
Gegend des ehemaligen Jomsburgs erſtreckt haben kann, lehrt ja Helmold genugſam, dem man doch gewiß keine Partheylichkeit für Polen Schuld geben
kann, wenn er ſagt: Bolizlaus Polonorum chriſtianiſſimus Rex, confoede-
ratus cum Ottone tertio, omnem Slauiam, quæ eſt vltra Odoram, tribu-
tis ſubjecit. 6)

Nach dieſen auswärtigen Zeugniſſen kann ich mich deſto getroſter auf
den älteſten einheimiſchen Geſchichtſchreiber, den Polen aufweiſen kann, Martinus Gallus berufen, der von dieſen Zeiten nicht gar zu entfernt, um den Anfang des zwölften Jahrhunderts, gelebt hat, und von unſerm Boleslaus ausdrücklich ſagt: Ipſe namque Seleuciam; (Seleucia heißt hier nicht, wiewohl ſonſt zuweilen, das damals ſchon chriſtliche Schleſien, ſondern vielmehr
die hinter demſelben liegende Gegend der itzigen Mittelmark und Prignitz ſo-
wohl, als das von den bekannten vier leutiziſchen Völkern bewohnte Land, indem ſämtliche Einwohner derſelben eines gemeinſchaftlichen Wilziſchen Stamms

X 3 waren

3) L. X. p. 132. Ed. Steph.
4) Torfaei Hiſt. Norveg. Tom. II.
L. VIII. c. 25.
5) Vita S. Romualdi c. 26. 28. 29. in
Petri Damiani Opp. Pariſ. 1664. T. II.
p. 196-198.
6) Chron. Slavor. L. 1. c. 15. p. 46. Edit.
Bangert.

waren 7), und da es von Boleslav I. bekannt ist, daß er wenigstens die Lebufier, einen Theil davon, bezwungen, so scheint entweder Mart. Gallus selbst eine Verwechselung ähnlicher Namen begangen, oder auch sein Abschreiber das ihm unbekannte Leuticia 8) in das bekanntere Seleucia verkehrt zu haben;) Pomeraniam & Prussiam vsque adeo vel in perfidia resistentes contriuit, vel conuersos in fide solidauit, quod ecclesias ibi multas, & Episcopos per Apostolicum, imo Apostolicus per eum ordinauit 9).

Die von so vielen, theils gleichzeitigen deutschen Zeugen, bekräftigte Wahrheit nöthigt auch unserm Verfasser selbst das Geständniß ab, daß dieser mächtige Fürst in die benachbarten Provinzen heftige Einfälle gethan; nur will Er, daß sie bey den Slaven, denn von den vorübergehenden deutschen Eroberungen zu reden, leidet der Raum itzt nicht, höchstens eine Tributsauflage zur Folge gehabt. Allein ohne mit ihm in das Gebiet der Philosophie überzugehen, und uns erst aus Wolfen zu belehren, daß die Zinsbarkeit nicht immer ein Beweis einer völligen Unterwürfigkeit sey, habe ich zu seiner Billigkeit das Vertrauen, er werde nicht, aller Geschichte zuwider, läugnen, daß auch in damaligen Zeiten oft genug beständigere Eroberungen gemacht seyen, und was die bloß zum Tribut verpflichteten Länder betrift, die ohne rechtmäßige Ursache geschehene Weigerung desselben, damals so gut, als vorher und nachher, der einmal eingegangenen Verbindlichkeit zuwider gewesen sey. Indessen mag der Polnische Besitz des westlichern Theils der damals zu Pommern gerechneten Länder, von Zeit zu Zeit beunruhigt, auch wie unser Verfasser will 10), bey der durch die Theilung des Polnischen Reichs geschwächten Macht desselben um das Jahr 1032. gar unterbrochen worden seyn; so geht dies doch denjenigen Theil desselben, so itzt unter dem Namen Pomerellen bekannt ist, gar nichts an.

Den Unterscheid desselben und Cassubens von dem übrigen Pommern hat bereits der Verfasser des Procis des recherches etc. genau aus einander gesetzt, auf den ich mich, zu Vermeidung der Weitläufigkeit, beziehe.
Cassu-

---

7) Gerkens älteste Geschichte der Slaven in Teutschland. S. 78-81.

8) v. Dreger, Cod. Pom. Dipl. T. 1. p. 36.

9) p. 60. Edit. Gedan. 1749. fol.

10) S. 9.

Cassuben hieß damals Pomerania inferior, oder vlterior, und seine Hauptstadt war Slupsko, d. i. Stolpe. Pomerellen aber führte entweder den Namen
Pomerania superior s. citerior, oder auch Marchia Gdanensis, nach seiner
damaligen Hauptstadt. Diese war aber nebst dem ganzen Lande, wie die
Bestätigung Pabst Eugenii von 1148. ausweiset [11]), worinn des Castri Gdansk
in Pomerania, als einer befestigten und Seehandlung treibenden Stadt erwähnt wird, entweder schon von dem an den ersten christlichen Herzog von Polen Miesco abgesandten Cardinal Aegidius, Bischof von Tusculum, oder wie
es glaublicher ist, von Boleslav I. vor Erlangung des königlichen Titels, zum
damaligen Cruswikischen, nunmehrigen Wladislawischen Kirchsprengel geschla-
gen worden. letzteres paßt sich besser zu der Nachricht, die uns der gleichzeitige
Reisegefährte des H. Albrechts von den Umständen giebt, in welchen sich die
Danziger Gegend bey der Durchreise dieses Heiligen nach Preußen gegen Ausgang
des zehnten Jahrhunderts befunden habe, wo derselbe während seines kurzen Auf-
enthalts, ganze Schaaren durch die Taufe zum Christenthum brachte, so daß damals das Heidenthum daselbst, noch lange nicht abgeschafft gewesen seyn kann [12]).

Ich habe dieser Stelle deswegen besonders erwähnt, weil sie einen deutlichen Beweis enthält, daß selbige Gegend damals unter Polnischer Herrschaft gestanden. Daß hierinn bis auf die Zeiten des Martinus
Gallus keine Veränderung vorgefallen, erhellet aus seiner ausdrücklichen Ver-
sicherung, daß Polen sich zu seiner Zeit bis an die Ostsee erstreckt habe, und
fast in beständigen Kriegen mit eben den drey Völkern, wovon wir oben sein
Zeugniß vernommen haben, begriffen gewesen sey: Ad mare autem septen-
trionale tres habet affines Barbarorum gentilium ferocissimas nationes, Seleuciam, Pomeraniam & Prussiam, contra quas regiones Polonorum
Dux assidue pugnat, vt eas ad fidem conuertat [13]).

Es lehren es auch genugsam die auswärtigen Zeugnisse, so viel ihrer aus
diesen Zeiten vorhanden sind, daß wenigstens in Ansehung Pomerellens, an
keine Unterwerfung auf kurze Zeit zu denken sey. Man höre nur den Adam

von

---

11) Damalewicz, Vitae Vladislauien-   Prag. Chron. Bohem. p. 83. Ed. Hanov.
sum Epp. p. 32-34.   1621.
12) S. Adalberti Vita in fine; Cosmas   13) p. 57. Ed. Ged.

von Bremen über die um das Balthische Meer wohnenden Völker reden; die Pommern gränzen, nach seiner Aussage, weder an die Weichsel, noch an die Preußen, deren er hernach unter dem Namen der Insula Semland gedenkt[14]), sondern an die Polen [15]), zum deutlichen Beweise, daß zu seiner Zeit so wohl als vorher unter dem H. Albrecht, das Polnische Gebiet bis an die Ostsee gegangen sey. Helmoldus, nachdem er in seiner Nachricht von den Slavischen Völkern überhaupt, den damaligen Sitz des Pommerischen Volks mit eben gedachten A. v. B. überein bestimmt; auch in Rücksicht auf das Ganze mit den Polnischen Schriftstellern ganz einstimmig, von mehreren Pommerischen Völkern, varios Pomeranorum populos, gesprochen hatte[16]), sagt an einer andern Stelle, wo er unter dem Pommerischen Namen, wie er sich deutlich genug erklärt, bloß das Gebiet des damals zum Christenthum gebrachten Herzogs Wartislafs, Werzeslavus, verstehe, von den Pommern ausdrücklich, daß sie von der Oder, wohl zu merken, nicht bis an die Weichsel, die er doch im gegenseitigen Falle nothwendig hätte anführen müssen, da er auf der entgegengesetzten Seite, nicht die heutigen, sondern den Oderfluß zur Gränze angegeben hatte, sondern vielmehr bis an Polen gewohnt hätten, Pomerani habitant inter Odoram & Poloniam[17]). Was kann also klarer seyn, als daß der Strich zwischen dem von ihm gemeinten Pommern und der Weichsel damals noch zu Polen gerechnet worden. Was der gleichzeitige Biographe B. Ottens von Bamberg für Folgerungen gestatte, ist schon bekannt.

Ist es auch nöthig, zur ferneren Unterstützung dieser an sich klaren Sache, mich auf die bekannte damalige, ganz Polnische Eintheilung Pomerellens in zwey Palatinate, Gdanensem und Suecensem, wodurch es sich von dem übrigen Pommern so sehr unterschied, zu berufen? oder zu erinnern, wie vergeblich man der Stärke des Beweises auszuweichen versuchen würde, den Polen schon ehemals davon hernahm, daß Pomerellen von Anfang an unter das Cujavische Stift gelegt worden?

Es findet sich auch bey älteren Schriftstellern keine Spur, eines zur Eroberung dieses ihnen näheren Landes, von den Polnischen Regenten geführten

14) De Situ Danix c. 227.
15) Ib. c. 221.
16) L. 1. c. 2. p. 5. 6. Ed. Bangert.
17) L. 1. c. 40. p. 99.

ten Krieges, bis auf die Zeiten des Großen Suantopolks; da sie doch der Unruhen in dem entlegneren Pommern so häufige Meldung thun.

Martinus Gallus, der älteste und folglich glaubwürdigste Zeuge hievon,
beschreibt insonderheit die von ihm selbst belebten Kriege Boleslavs III. mit den
Pommern sehr umständlich. Nirgend aber erwähnt er hierbey der Stadt
Danzig, die doch schon längst, als ein nahmhafter Ort vorhanden war,
wenn man gleich das Daseyn von Schwez, Coniz, Dirschau, und anderer
alten, lange vor Ankunft der Creuzherren gebaueten Oerter, weil ihrer in
jenen Zeiten, um den Anfang des Zwölften Jahrhunderts, noch keine ausdrückliche Erwähnung geschieht, läugnen wollte. Die von ihm in Beschrei-
bung dieses Krieges, namentlich angeführten Städte, lagen alle ausserhalb
den damaligen Polnischen Gränzen. Es sind solche Alba, d. i. Belgard,
Bialygrod [18], Gologum [19], entweder Colberg, wie es Dlugossus versteht,
oder auch das am Gollenberge gelegene Cöclin, Nakel [20], Velun [21], unter welchem weder Wollin, oder wie es ehedem hieß, Julin, so damals
im größten Flor stand, und ohne hinlängliche Seemacht wohl schwerlich bezwungen werden konnte, noch auch das Großpolnische Wielun, sondern vielmehr der damalige Hauptort der Wiliner, eines hinter den Lebusiern wohnenden leutizischen Volks [22], zu verstehen ist. Es heißt in späteren Schriftstellern auch Castrum Welomense.

So mangelhaft also auch immer die Polnischen Nachrichten in diesem Zeit-
raum seyn mögen, so erscheinet doch genugsam aus allen diesen zusammen ge-
nommenen Umständen, daß Pomerellen seit Boleslavs I. Zeiten wenigstens,
nur mit Abrechnung des Dänischen Einfalls zu Anfang des dreyzehnten Jahrhunderts, beständig bis auf die von Suantopolk eingeführte Neuerung, unter Polnischer Hoheit gestanden habe.

Daß übrigens die späteren Polnischen Schriftsteller manches, vermeintlich zur Ehre ihres Volks, den Nachrichten ihrer Vorgänger hinzugefügt haben, und daß auch die ältesten unter ihnen, in Sachen, die sich lange vor ih-

rer

18) Ib. p. 86. 90.   21) Ib. p. 92.
19) Ib. p. 90.   22) Schwarz, Geographie des Nord.
20) Ib. p. 96.   Teutschl. S. 42. 43.

B

rer Zeit zugetragen haben sollen, gleichfalls von Erdichtungen nicht frey sind, gebe ich gerne zu; sie haben dieses ja mit den Schriftstellern aller Völker aus jenen Zeiten gemein. Jedoch sobald es auf Begebenheiten ankommt, die entweder zu ihren Zeiten, oder ohnlängst vorher sich zugetragen haben, heischet da nicht die gemeine Billigkeit, ihnen denselbigen Grad von Glaubwürdigkeit zuzuerkennen, den man den Schriftstellern anderer Völker in ähnlichen Fällen nie verweigert? Kann man ihren Aussagen wohl sonst etwas als das Ansehen älterer, oder gleich alter eben so bewährter Zeugen entgegen stellen? Und wie verfährt man in Ansehung der Dunkelheiten, und Schwierigkeiten, die auch bey unsern besten menschlichen Schriften nie gänzlich fehlen? Verwirft man wegen einiger anstößigen Stellen sogleich das ganze Ansehen des vorhabenden Schriftstellers? Sucht man nicht vielmehr, weit entfernt alles übrige zugleich mit zu verdammen, selbst die dem ersten Anschein nach tadelnswürdige Stelle, wo möglich auf solche Art zu erklären, daß weder die Wahrheit an ihrem Rechte etwas verliere, noch auch dem Schriftsteller ein größeres Versehen, als er wirklich begangen hat, aufgebürdet werde? Es ist wahr, der gute Kadlubko hat sich nicht wenig vergangen, wenn er die Erbauung der jetzigen Reichsstadt Bremen seinem Boleslav I. zugeschrieben hat, und wir können bey itziger Beschaffenheit der historischen Kenntnisse, uns mit leichter Mühe darüber lustig machen. Allein ist es auch so gewiß, daß er bey der geringen damaligen geographischen Wissenschaft, nothwendig wegen der dabey erwähnten Westphälischen Nachbarschaft, die Stadt Bremen gemeint haben müsse? Könnte es nicht seyn, daß Boleslav I. während seines Feldzuges an der Saale, zu Brehna ein Schloß gebauet, castrum dictum Brzemia sagt Kadlubko [23]), und dessen Andenken in Polen, mit der gemachten Eroberung an der Saale, zeitig verdunkelt worden? Haben also auch Kadlubko und andere nach ihm, dies unbekannte Schloß mit einer berühmten Stadt verwechselt, da ihnen von der Grafschaft Brehna leicht nichts wissend gewesen; so kann man ihnen, als Ausländern, diesen kleinen Irrthum leicht verzeihen.

Man unterscheide also nur, nach der Angabe des Precis des recherches etc. die verschiedenen Länder, die ehemals unter dem allgemeinen Pommerischen

schen

23) L. II. col. 645. Ed. Lipf.

schen Namen begriffen wurden, gehörig von einander, so werden alle die gehäuften Schwierigkeiten von selbst wegfallen.

1. Die Danziger Mark, Marchia Gedanensis, oder das nachherige Pomerellen, war wenigstens seit dem Ablauf des zehnten bis in das dreyzehnte Jahrhundert in Polnischer Bothmäßigkeit.

2. Caßuben mit seiner ehemaligen Hauptstadt Slupskoi, Stolpe, ward von erblichen Statthaltern aus dem Geschlecht der Greifen, e domo Gryphonum, regiert, die jede Gelegenheit mit Freuden ergriffen, sich von ihrer Unterwürfigkeit gegen Polen loszumachen, und deswegen bald getreue Vasallen ihrer Oberherrschaft abgaben, bald auch mit derselben in offenbarem Kriege befangen waren.

3. Was aber das westlichere Pommern anbetrift, das nachgehends unter Wartislafs und seiner Nachkommen Herrschaft stand, so scheinet wohl der Polnische Besitz desselben, nie von langer Dauer gewesen zu seyn, indessen mußte es doch unter Boleslafs I. und III. Regierung die Polnische Oberherrschaft eine Zeitlang erkennen.

II.

Sollte es wohl so ausgemacht seyn, daß die Pommerischen Herzoge zu Danzig, aus einerley Hause mit den Slavischen Herzogen zu Stettin, imgleichen daß sie nie Polnische Statthalter gewesen wären?

Unser Verfasser will selbst nur diese gemeinschaftliche Abstammung mehr für wahrscheinlich, als für völlig erwiesen gehalten wissen [24], und er hat hierinn an dem von Dreger einen guten Vorgänger, der doch wohl nach seiner so ausgebreiteten Kenntniß der Pommerischen Landesgeschichte, und genauen Bekanntschaft mit den dahin einschlagenden Archiven, die beste Wissenschaft darum haben müssen, und dennoch von dem gemeiniglich angegebenen Stammbaum so wenig überzeugt gewesen, daß er höchstens nur eine entferntere gemeinschaftliche Herkunft beyder Häuser, ohne auch davon eine gegründete Ursache anzugeben, zugeben will [25].

B 2   Ohne

24) S. 16.
25) Codex Pomeraniae Diplom. T. I. p. 477.

Ohne mich nochmals in dasjenige einzulassen, was andere vor mir neulich erwiesen haben, werde ich dasjenige, was unser Verfasser zur Behauptung seiner Meynung vorbringt, kürzlich beantworten.

Was also den Suantibor betrifft [26]), von dem unser Verfasser selbst gesteht [27]), daß er nicht wohl aus gleichzeitigen Geschichtschreibern bewiesen werden könne, so ist er, als Stifter der bekannten beyden Pommerischen Häuser, ein Geschöpfe des an neuen Genealogien und allerhand andern Alterthümern so fruchtbaren sechszehnten Jahrhunderts. Es ist gewiß, daß Bugenhagen zu seiner Zeit noch nichts von ihm gewußt habe; die nachherigen Pommerischen Geschichtforscher, und unter denselben vermuthlich der Kanzler Valentin von Eickstet, als Erfinder zu erst, haben ihn aus der Polnischen Geschichte entlehnt. Denn ob zwar ältere desselben gar nicht gedenken, so führt doch Dlugoß [28]) An. 1105. einen gewissen Suantobor an, den er, oraemaritimae Princeps, & Boleslai Vasallus, Boleslao quoque consanguinitate junctus, bezeichnet. Dieser wurde so wohl von der Miliz als dem Volke, welchen er vorgesetzt war, wegen seines geführten harten Regiments abgesetzt, und den Pommern, als unversöhnlichen Feinden übergeben, zu dessen Befreyung Boleslav III. hierauf einen Kriegszug gegen die Pommern antrat. Offenbar war er also ein Polnischer Herr und Statthalter seines Königs über Cassuben. Obgleich Dlugoß erst lange nach ihm gelebt hat, so findet sich doch weder bey älteren Geschichtschreibern, noch in der Sache selbst etwas, das uns seine Aussage mit Recht verdächtig machen könnte. Er unterscheidet ihn auch deutlich von dem damaligen Gebieter der ununterwürfigen Pommern, außer der schon angegebenen Bezeichnung, dadurch, daß er von letzteem meldet, er, Pomeranorum Dux, sey bey dem vorhergehenden Feldzuge Boleslavs III. während der Ueberrumpelung von Golberg, Colberg, aus der Stadt entwischt. Ob das aus dem Martinus Gallus angeführte Gotogum, eben derselbe Ort sey, ist zwar ungewiß, die Begebenheiten selbst aber verschieden. Denn die freywillige Uebergabe desselben Herzogs an den König Boleslav III. als sich derselbe der Stadt Gotogum näherte [29]), gehört in spätere Zeiten, wie

sich

---

26) §. 5.   28) Dlugoff. L. IV. col. 355. 56.
27) S. 14.   29) Mart. Gall. p. 90. 91.

sich bey angestellter Vergleichung mit dem Dlugossus ausweiset 3°), der dieselbige in das Jahr 1107. setzt, obwohl nicht ganz ohne Veränderung, da er mit Verschweigung des von älteren Schriftstellern erwähnten Herzogs von mehreren kleinen Gebieten spricht. Der eigentliche Name des damaligen Pommerischen Oberhauptes ist auch nicht unbekannt; er hieß Gnewomirus 31), und kam bey der Polnischen Einnahme des obenerwähnten castri Velun 32), nebst der Besatzung um, im Jahr 1108.

Die weit neuern Pommerischen Schriftsteller mögen also immer in ihrer Art die besten seyn, und wir wollen ihr Zeugniß in Sachen, die ihren Zeiten näher sind, auch so viel es die übrigen Umstände nur immer erlauben, gelten lassen; allein der Aussage weit älterer und zum Theil gleichzeitiger Pohlnischer Annalisten setze man sie doch ja nicht ferner entgegen. 33).

Wartielaf ist, woferne man den Gnewomirus nicht für seinen Vater erkennen will, der erste beweisliche Stammvater der Pommerisch-Slavischen Herzoge, und da ein gewisser Ratibor, um selbige Zeit, in Pommerischen Urkunden erwähnt wird 34), so kann er gar wohl sein Bruder gewesen seyn, zumal ein Polnischer Annalist aus der ersten Hälfte der vierzehnten Jahrhunderts im Jahr 1119. ausdrücklich zwey Pommerische Fürsten anmerkt: Boleslaus duos Duces Pomoranos deuicit 35). Was aber die vorgegebene beyde andere Brüder Bogislaf und Suantepolk betrifft, so haben sie ihr Daseyn lediglich den unrecht verstandenen Aussagen älterer Polnischer Schriftsteller zu danken, wie wir hernach sehen werden.

Von denen ferner zum Behufe der angegebenen Abstammung beygebrachten wahrscheinlichen Beweisen aber, dient

1. Der erste gar nicht zur Sache. Pommern, Pomorska Ziemia, hieß ein längst der See gelegener Strich Landes, eben wegen dieser seiner Lage, in der Sprache desjenigen Volks, das einen Theil davon ruhig besaß, und auf

B 3   den

---

30) L. IV. col. 361. 62.
31) Kadlubko L. III. col. 699. 702. Ed. Lipf. Boguphal. ap. Sommersb. in Script. Rer. Sil. T. II. p. 33. cf. Dlugoss. L. IV. col. 369. 76. 76. 77.

32) Mart. Gall. p. 92. 93.
33) §. 7.
34) ap. v. Dreger. S. 5. 7. 8. 9.
35) Anonym. ab A. 899-1327. cum Mart. Gallo editus Ged. p. 36.

den übrigen wiederholte Ansprüche machte. Dies ist ziemlich klar. Was ist aber zwischen diesem Namen und der angeblichen Stammtafel für ein Zusammenhang?

2. Der zweyte ist scheinbarer. Indessen wird der Herr Verfasser hoffentlich selbst zugeben, daß die Slavischen Herzoge in den heldnischen Zeiten schwerlich ein eignes Wapen geführt haben. Woher es aber komme, daß die Danziger Herzoge, eben sowohl als die Stettinischen, einen Greifen im Wapen zeigen, läßt sich nun schwerlich mit Gewißheit bestimmen. Vielleicht war dies das Familienwapen der Gryphæum [36], der so oft erwähnten Polnischen Statthalter in Cassuben. Als nachgehends der Gebrauch der Wapen allgemein wurde, konnte dieses leicht, in Ermangelung eines eignen, von ihren Nachbarn auf beyden Seiten angenommen, ja wohl gar bey der Unwissenheit damaliger Zeiten, als ein längst hergebrachtes Pommerisches Landeswapen, zu welchem sie so gut als jene berechtigt wären, angesehen werden. Dem sey indessen wie ihm wolle, so sieht ein jeder ohne mein Erinnern, daß dieser vom Wapen hergenommene Grund, für sich allein viel zu schwach sey, um darauf den Erweis für die gemeinschaftliche Abstammung bauen zu können.

3. Die unlängst zum Vorschein gebrachte Oliwische Chronik [37], kann wohl gegen ältere Zeugnisse nichts beweisen, wenn sie auch würklich schon um das Jahr 1330. abgefaßt wäre. Es ist aber aus dem Schlusse dieses Werkchens augenscheinlich zu ersehen, daß es noch viel jünger ist. Es reimt sich derselbe keinesweges zu den Zeiten Casimirs des Großen, der ja nie sein auf Pomerellen habendes Recht gegen den Teutschen Orden bekanntermaßen ausführen können, hingegen ist es von Casimir III. bekannt, daß er durch den Thornischen Frieden 1466. wieder zum ruhigen Besitze desselben gelangt, zwischen welcher Zeit und seinem 1492. erfolgten Tode, die Zusammentragung dieser wenigen, und zum Theil unrichtigen Nachrichten, zufolge der eigenen Angabe derselben, muß angesetzt werden.

In

36) S. Okolski Orb. Polon. T. I. pag. 236. K. Niesieck Koron. Polsk. T. II. p. 322.

37) Simonetti Sammlung vermischter Beyträge — auf das Jahr 1750. 1. Stück, S. 65-82.

In eben diese Zeiten ungefähr gehören auch die so sehr gerühmten Slavischen Denkmäler, woferne sie nicht erst aus dem Anfange des sechzehnten Jahrhunderts herrühren. Man darf nur ihre Unterschriften ansehen, von den Bildern selbst nichts zu erwähnen, und man wird ihre Neuheit bald gewahr werden, wenn man auch nicht wüßte, welchen widrigen Schicksalen jenes Kloster, im dreyzehnten Jahrhundert, bey seiner mehrmaligen Zerstöhrung durch die heidnischen Preußen, unterworfen gewesen.

4. Doch unser Verfasser trauet den eben erwähnten Gründen selbst nicht viel Gewicht zu, und beruft sich also hauptsächlich noch auf einen vierten, von dem unten bessere Gelegenheit zu reden seyn wird, weswegen ich die etwa darüber zu machende Erinnerungen, bis dahin aussehe.

Daß übrigens die östlichen Gränzen der Herrschaft der Slavischen Herzoge, zu verschiedenen Zeiten, auch eine verschiedene Erstreckung gehabt, ist eine bekannte Sache. Ob aber hieraus, wenn ja etwas dergleichen daraus geschlossen werden soll, auf eine Verwandtschaft oder verschiedene Herkunst dieser und der an der Weichsel angesessenen Herren, richtiger geschlossen werde, muß man eines jeden Empfindung überlassen.

Ich habe mich schon oben genugsam über die unhistorische Art erklärt, mit der man sich durchaus der beschwerlichen Zeugnisse der ehrwürdigsten Polnischen Schriftsteller entledigen will [38]). Was aber den jüngern Dlugessus betrift, wird jeder, der ihm Gerechtigkeit will widerfahren lassen, den von unserm Verfasser gerügten anscheinenden Widerspruch, auf eine ganz ungezwungene Art, vermuthlich keinen Anstand nehmen, mit mir so zu vereinigen, daß die letztere Stelle nicht von der ersten Einsetzung des Samborius, sondern vielmehr von der Bestätigung desselben, durch den neuen Herzog Casimir zu verstehen sey. Auf die Art pflegt man ja, ohne der historischen Critik etwas zu vergeben, in ähnlichen Fällen bey andern Schriftstellern zu verfahren.

Die Klagen über die Magerkeit, in den Nachrichten der ältesten Polnischen Schriftsteller, von der Pommerischen Gegend [39]), sollten billig zugleich zur Entschuldigung derselben, wegen der Dunkelheiten dienen, die

man

38) §. 7.   39) §. 8.

man in ihnen theils antrifft, theils in sie hinein trägt. Es geht auch eben
so wenig, nach den bisher allgemein anerkannten Gesetzen der historischen Critik an, daß sich Dlugossus, in seinen vollkommen glaubwürdigen Nachrichten von dem älteren Suantopolk, aus hundert Jahre späteren Pommerischen
Erzählungen verbessern lassen soll, da doch die einheimische Pommerische Geschichte bekanntlich nicht über die Einführung des Christenthums herauf steigt.
So lange also keine ältern Berichte dem Dlugossus entgegen gestellt werden
können, bleibt seine Nachricht, die er ja leichte aus älteren zu seiner Zeit noch
vorhandenen schriftlichen Polnischen Aufsätzen, dergleichen wir noch am Mar-
thnus Gallus würklich haben, gezogen haben kann, in dem ihr gebührenden
Werthe. Suantopolk war also aus denselben Polnischen Geschlechte der Greifen,
zu welchem auch der oben erwähnte Suantibor gehört zu haben scheint, da sogleich nach ihm die Cassubische Statthalterschaft bey demselbigen Hause gewesen ist, von welchem Dlugossus überall eine ziemlich genaue Kundschaft zeigt,
da er so vieler aus demselben entsprossenen Herren in älteren Zeiten gedenkt 40),
auch zum Merkmal, daß er nicht alles ohne Prüfung aufs Gerathewohl hin-
geschrieben, einmal bey dem Stifter des Miechovischen Klosters, Jara, zwei-
felt, ob er würklich zu diesem Geschlecht gehöre 41). Mit nichten gehört also
dieser Suantopolk zu der Verwandtschaft der nachherigen Pommerisch - Slavischen Fürsten, er war vielmehr Polnischer Statthalter in Cassuben, und die
Nachricht des Dlugossus von seinem Abfall, und nachheriger Gefangennehm-
mung 1119. in Nakel, ist desto glaubwürdiger, da wir oben aus einem weit
älteren Schriftsteller bereits vernommen haben, daß Boleslav III. gerade in
demselben Jahr einen glücklichen Feldzug nach Pommern unternommen habe.

In gemeldetem Tone fährt unser Verfasser fort 42), den Zeugnissen alter
Polnischer Verfasser den Widerspruch neuerer Pommerischen und anderer
Schriftsteller entgegen zu setzen. Da man aber selbst zugiebt, daß Kadlubko, als ein gleichzeitiger Zeuge, billig allen Glauben verdienen sollte, so wird
es ihm hoffentlich an seinem Ansehen nichts schaden, wenn auch seine Aus-
sprüche nicht so ganz nach Wunsche ausfielen. Nur setze man seinen freylich etwas
dunkeln

40) L. V. col. 509. L. VI. col. 621. 62.   41) L. V. col. 501. 2.
L. VII. col. 732. 90.   42) §. 9.

dunkeln Worten keine Sylbe weiter hinzu, und unterscheide sorgfältig seine und der neueren Schriftsteller Berichte. Haben diese nachgehends den Samborius zum Stammvater der Pomerellischen Regenten gemacht, so bleibe dieses für ihre Rechnung; weder Kadlubko noch Boguphalus sagen es mit ausdrücklichen Worten. Was die Stelle aus dem Cromerus insonderheit angeht, so haben seine Worte wohl nicht mehr Gewichte, als von Eickstett, Schützens u. a. seiner Zeitgenossen, so bald sie, den noch vorhandenen älteren Zeugnissen zuwider, uns von so alten Sachen was vorerzählen. Bey dem damaligen ersten Anfange der historischen Critik, konnten Cromer und Schütze leicht bewogen werden, die bey ihren Nachbarn schön keimende bekannte Genealogie, ohne mehrere Behutsamkeit, als damals eingeführt war, dabey anzuwenden, in ihre unsterblichen Werke zu verpflanzen; überdieß hatten die Olivischen Denkmäler dazumal bereits ein gewisses Alter erreicht, und konnten in Ermangelung zuverläßiger schriftlicher Nachricht, leichtlich für weit älter angesehen werden.

Was den gleichfalls von unserm Verfasser berührten Boguslaus betrift, aus dem die Pommerischen Genealogisten nachgehends ihren ältesten Boguslaus, den angeblichen Vater des eben-so unsichern Subislaus senior, gemacht haben, und den man neulich mit dem um selbige Zeit lebenden Pommerisch-Slavischen Herzoge Boguslaus I, um die Quellen der Polnischen Geschichte mit einigem Scheine der Ungereimtheit beschuldigen zu können, so gerne verwechsele hätte, wollen wir etwas genauer untersuchen, was eigentlich mit Hülfe der Nachrichten gleichzeitiger und anderer, das Alter der bekannten Pommerischen Schriftsteller wenigstens übersteigender, Zeugen von ihm erwiesen werden könne.

Kadlubko [43] sagt von ihm weiter nichts, als daß er auch Theodorus geheißen, und daß ihn Casimir II. zum Herzoge in Pommern, maritimum Ducem, eingesetzt habe. Der ihm an Alter fast gleiche, und welches wohl zu merken ist, nicht wie Kadlubko in Kleinpolen, sondern der Cassubischen Gegend weit näher, zu Posen ehemals lebende Boguphalus aber scheinet mehrere Kenntniß von diesem Herrn gehabt zu haben. Zwar enthält itzt der gedruckte

C

[43] v. 55. Ed. Ged;

druckte Text des Boguphalus eine einzige Stelle, worinn dieser Herr unter demselben Namen, als beym Kadlubko, vorkömmt, Boguslaus Pomeraniae inferioris Düx 44); da er aber an zwo andern Stellen 45) ihn zu wiederholten malen Boleslaus nennt, derselbige vermuthlich den Dlugossus in der bey dieser Gelegenheit getadelten Stelle meynt, wo er freylich einer unrichtigen Nachricht von der ihm fälschlich zugeeigneten Stiftung der Oliva, und seiner vermeynten Nachkommenschaft gefolgt ist, aber auch selbige hernach stillschweigend zurück genommen hat, sieht man wohl, daß der wahre Namen dieses Herrn nicht Boguslaus, sondern Boleslaus gewesen sey. Es kann seyn, daß Kadlubko bey seiner Entfernung, den Namen desselben mit dem ähnlich lautenden des zu gleicher Zeit lebenden Slavischen Herzogs Boguslaus I, ohne deswegen die Personen selbst für einerley zu halten, verwechselt habe, und da ein überkluger Abschreiber den Boguphalus in der ersteren Stelle nach dem Kadlubko vermeintlich verbessert zu haben scheint, so ist es ein Glück, daß die übrigen beyden seiner Antikritik entgangen sind. Boguphalus bezeugt nicht nur ferner, daß dieser Herr aus dem Geschlecht der Greifen, das, wie wir gesehen haben, schon geraume Zeit die erbliche Statthalterschaft des mittleren Theils von Pommern verwaltete, entsprossen gewesen, sondern er bestimmt die demselben unterworfenen Gegenden auch in der letzten Stelle ungemein deutlich, wann er sagt, er wäre in Ducem pacis (lies patriae nach dem damaligen Gebrauch dieses Worts), Pomorie & Cassubitarum, bestellt worden. In Cassuben also, oder wie es erst hieß, Pomerania inferior, ist sein Gebiet zu suchen, nicht in der weiter nach der Oder hin liegenden Gegend. Es ist möglich, daß dieser Boleslaus zugleich den in der Polnischen Geschichte nicht unberühmten Namen Cracus, als einen Beynamen geführt, da ihm Boguphalus denselben in der letzten Stelle noch beylegt. Es sind ja dergleichen Beynamen in der Polnischen Geschichte nichts weniger als ungebräuchlich, und vielleicht rechnete das uralte Geschlecht der Greifen seinen Ursprung von Cracus, dem ersten Stifter des Polnischen Reichs, her. Es mag nun dies Grund gehabt haben, oder nicht, so konnte man dem Boleslaus leicht,

wegen

___

44) p. 46. Ed. Sommersb.   45) Ibid. p. 47. 57.

wegen einiger Aehnlichkeit, den Nahmen eines ihrer Vorfahren, es sey jener große Cracus oder auch ein anderer, beygeleget haben.

Da bekanntlich die vom Dänischen Könige Waldemar II. in Pommern verübten Feindseligkeiten, die von seinem Bruder Canut bereits dem Dänischen Zepter unterworfenen Slavisch-Pommerischen Herren nicht betrafen, und der Namen Boleslaus, als den Scandinaviern ganz fremde, schon ehedem von ihnen in Burislaf verändert worden, so ist wohl kein anderer, als eben unser Boleslaus, unter jenem Ladislaus zu verstehen, von welchem Pontanus [46]), ohne Zweifel aus älteren Nachrichten, erzählt, daß er von Waldemar II. An. 1206. bezwungen worden sey. Er macht ihn zwar zu einem Preußischen Fürsten, dergleichen es zu der Zeit eigentlich bey den Preußen nicht gab: man muß dies aber auch einem Ausländer nicht so genau anrechnen; da Cassuben nicht gar zu entferne von Preußen war, und da zu der Zeit auch die Preußen zuweilen die Polnische Oberherrschaft erkennen mußten: so konnte ein Dänischer Chronikenschreiber leicht dadurch verleitet werden, Preußen über seine gebührende Gränzen auszudehnen, und unter diesem Namen zugleich die andern beyden Polnischen Seeprovinzen, die Mark Danzig und Cassuben, mit zu begreifen. Daß dies auch würklich geschehen sey, wird sich weiter unten zeigen. Es ist also nicht nöthig, die Ursache dieser Benennung etwa darinn zu suchen, daß die Preußen unserm Boleslaus, mit Zurücksetzung ihres sonst gegen Pölen hegenden Unwillens, in seiner Vertheidigung gegen den König Waldemar, vielleicht als gegen einen gemeinschaftlichen Feind, zu Hülfe gekommen, da ihnen nicht unbekannt seyn konnte, wie viel sie in vorigen Zeiten durch die Dänischen Anfälle gelitten hatten; und dies allein war ja hinreichend, einen Dänischen Schriftsteller in den Zeiten zu dem Irrthum zu vermögen, unsern Boleslaus nach Preußen zu versetzen.

Ganz unwahrscheinlich wäre es aber, daß, da auf der einen Seite die Slavisch-Pommerischen Herzoge die Dänische Oberherrschaft erkannten, und kurz darauf das auf der andern Seite gelegene Danzig, auf einige Jahre unter Dänische Bothmäßigkeit gerieth, der, mit seinem Lande mitten innen liegende Boleslaus, von den Dänischen Waffen unangetastet hätte bleiben sollen.

C 2   Viel-

[46] Hist. Dan. L. VI. p. 292.

Vielmehr hängt dies auch mit der aus dem Dlugoß [47] angezogenen Nachricht, wenn man nur die unrichtige Zeitbestimmung, von der weiter hin die
Rede seyn wird, nebst andern in der Zwischenzeit verfälschten Umständen ab-
rechnet, sehr wohl zusammen. Dlugossus würde sich selbst widersprechen,
wenn seine Meynung wäre, daß die Stolpische Castellaney, vor dem Dänischen Einfall, nie zu Polen gehört hätte; sie wurde nur, bey wieder sin-
kendem Glück der Dänischen Waffen in dieser Gegend, von neuem ihrer alten
Landesherrschaft unterwürfig.

Während dieser Unruhen, da Boleslaus des Besitzes seiner erblichen
Statthalterschaft in Cassuben, wenigstens zum Theil beraubt war, scheinen
die Rügischen Fürsten, als alte Dänische Vasallen, mit diesem Lande von König Waldemar belehnt zu seyn, auch sich in dem Besitze einiger Stücke desselben noch lange nachher erhalten zu haben. Wenigstens kommt der Rügische Fürst Wizlaf in verschiedenen Urkunden von 1270 und 1271 noch als Herr
der Castellaney Dirlow vor [48]. Endlich aber, da ihm die Behauptung eines so entfernten Eigenthums zu schwer fallen mochte, verkaufte er, ohne Zustimmung seines Oberlehnsherrn, dessen Ansehen bey der damaligen Ohnmacht
des Dänischen Reichs in Rügen wenig galt [49], diese Castellaney mit allen
seinen übrigen dortigen Besitzungen, Terram Zlaviam cum castris suis & ci-
vitate Ruyenwolde, Aᵒ. 1277. an die mächtigere Brandenburgische Markgrafen, Johann, Otto und Conrad [50]); wiewohl er sich noch hernach 1289,
in einem mit den Brandenburgischen Markgrafen, über der künftigen Theilung
der Länder, Herzog Mestwini II. eingegangenen Vertrage [51], wobey sein
Sohn Jaromarus, Bischof von Camin, gleichfalls seine Hülfe zu ihrer Ein-
nehmung versprach [52], seiner auf Pommern habenden Ansprüche rühmte, die
allem Ansehen nach, sich auf eine vorgängige Dänische Belehnung mit Cassuben gründeten, wiewohl außerdem auch noch doppelte Verwandschaft mit
Mestwin II. hinzugekommen war.

Und

47) S. 23.
48) Schwarz, Geogr. J. N. T. Seite
382. 83.
49) cf. P. Olai Annal. Dan. in Jac.
Langebek Script. Rer. Danic. T. I. p. 186.
Annales Esromens. Ib. p. 246.

50) Gerken, Cod. Dipl. Brand. T. I.
p. 247.
51) Id. Ib. p. 225.
52) Id. Ib. p. 245.

Und so kommen wir nun auf den angeblichen Stifter des Klosters Oliva, den vermeinten älteren Subislav [53]. Es ist nicht zu läugnen, daß die besten Pommerischen und Preußischen Schriftsteller, in Ansehung Seiner, bisher so ziemlich, unter einander sowohl als mit der Olivischen Chronik und dortigen Denkmälern, überein gekommen sind. Allein was wollen alle diese Zeugnisse, deren keines über die letztere Hälfte des funfzehnten Jahrhunderts herauf reicht, gegen die Aussagen, und das viel bedeutende Stillschweigen des vorhergehenden Zeitalters beweisen?

Vergebens beruft man sich auf die nie genug gepriesenen Acta Pacis Olivensis, als wenn in denselben alle bisherigen Zweifel völlig gehoben wären. Ich schlage sie nach, und was finde ich hierüber Neues darinn? Nichts, gar nichts [54]. Ferne sey es von mir, durch dieses aufrichtige Geständniß, dem fest gegründeten Ruhm des Hochverdienten Hrn. Hofr. Boehme im geringsten zu nahe zu treten. Man konnte mit Rechte nicht mehr von ihm erwarten, als er in besagter Stelle geleistet hat. Hätte sein Werk etwa eine Monasteriologia Prussica seyn sollen, so würde sich zuversichtlich eine Menge neuer Entdeckungen über die erste Stiftung des Olivischen Klosters, unter seiner Feder, hervor gedrängt haben: So aber ist sein Buch für eine Begebenheit bestimmt, die mit dem Olivischen Kloster in keiner weiteren besondern Verbindung steht, als des Orts, wo sie sich zugetragen, und wo die dabey gewechselten Schriften zum Theil sind übergeben worden.

Derjenige Subislav, der das zu Danzig befindliche Carmeliterkloster A. 1186. gestiftet haben soll, kann nach der eignen Angabe unsers Verfassers, der den Tod des vorgegebenen Subislai sen. in das Jahr 1178. setzt, kein anderer als der einzige bekannte Herr aus diesem Hause, so den Namen Subislaus wirklich geführt hat, ein Sohn des Samborii seyn, der gar wohl den bey diesem Hause vermuthlich erblichen Titel eines Fürsten von Danzig, bey seines Vaters Lebzeiten geführt haben könnte. Diese Urkunde giebt also auch gar keinen Beweis für das Daseyn eines älteren Subislai ab; zumal da ohnedem verschiedene besagtes Carmeliterkloster betreffende Urkunden, mehr als bloß verdächtig sind, und dieses Kloster, wegen seiner ehemaligen Lage schwerlich

C 3   lich

---

53) §. 10.   54) T. I. Observ. VII. p. 254. 55.

sich vor der durch den Teutschen Orden geschehenen Stiftung der Jungstadt Danzig, seinen Ursprung genommen haben kann. War auch dieser Orden schon vor Ablauf des zwölften Jahrhunderts in Europa so ausgebreitet? Oder war auch damals schon ein einiges Kloster desselben in unserm Welttheil?

Die Belehrung aber, so uns der Pommerische Canzler von Eickstet, der jedoch dieses Subislai sen. Leben nicht besonders, sondern nur in seiner hand-schriftlichen teutschen Geschichte von Pommern, zugleich mit andern, theils vermeinten, theils wirklichen Vorfahren seiner Landesherrschaft beschrieben hat, ertheilen soll, kommt dem schon so oft über sein Alter gesagten zu folge, viel zu spät, als daß er sich einige Aufmerksamkeit versprechen könnte, sobald er von ältern Zeugen verlassen ist, ja solcher Sachen Erwähnung thut, die seinem Vor-gänger Bugenhagen, unmöglich hätten verborgen bleiben können, falls sie einigen Grund in archivalischen Urkunden gehabt hätten. Mit ihm fällt also auch nothwendig das ganze Ansehen Schützens u. a. in dieser Sache weg, in so weit sie lediglich auf ihn sich stützen.

Wäre auch dieser mythische Subislaf wirklich ein Ahnherr des berühm-ten Suantopolks gewesen, wie kömmt es, daß dieser ihn, in der von unserm Verfasser angeführten 55) Bestätigung der Gerechtigkeiten und Güter des Oli-vischen Klosters von A. 1235, übergeht, da er in demselben doch die sämtli-chen Wohlthäter dieses Klosters, so viel ihrer aus seinem Hause gewesen waren, alle namentlich anführt, nicht nur seinen Vater Mistuinum, und seine leibli-chen Brüder Sambor und Ratibor, sondern auch seinen Vatersbruder Sam-bor, und dessen Sohn Subislaum? Unmöglich konnte ihm ja sein eigner Großvater unbekannt seyn? Und foderte der erste Stifter des Klosters nicht mit noch mehrerem Rechte hier seine Stelle, als alle nachherigen Wohlthäter desselben? In der That sagt auch dieses Instrument, durch sein beredtes Stillschweigen, schon jedem, der in solchen Sachen nur einigermaßen für Ken-ner passiren kann, für sich allein genug, um das ganze Daseyn jenes ältern Subislafs, da er in seiner Person zugleich die Eigenschaft des ersten christlichen Fürsten eines Landes, das schon seit beynahe zweyhundert Jahren, zu seiner

Zeit

55) S. 25.

Zeit, chriſtlich war, und des Stifters eines Kloſters, deſſen Stiftungsbrief, von einem ganz andern Herrn gegeben, noch wirklich vorhanden iſt, vereinigt zu verwerfen.

Offenbar iſt von dieſem Subislaf keine einzige Urkunde, oder andere glaubwürdige Nachricht vorhanden, und hat auch niemals vorhanden ſeyn können; Alles was man von ihm weiß, oder vielmehr zu wiſſen glaubt, gründet ſich auf eine im funfzehnten Jahrhundert erſt aufgefangene Ueberlieferung, die in der Oliviſchen Chronik und daſigen Denkmälern enthalten iſt. Daß aber auch ſelbſt den öffentlichen Monumenten der Charakter der Untrüglichkeit nicht weſentlich ſey, kann man an dem Grabe des Antenor, den Gothländiſchen Inſchriften u. a. dgl. lernen.

Erwägt man auch die eignen Worte dieſer Chronik, nur mit einigem Nachdenken, ſo ſieht man wohl, daß ihr Urheber zu aufrichtig geweſen, um dasjenige, was eine verſtümmelte Tradition, von dreyhundert Jahren her, unter den vielfältigen unangenehmen Abwechſelungen, denen dies Kloſter geraume Zeitlang unterworfen geweſen, auf ihn bringen können, für eine gewiſſe Wahrheit auszugeben. Zwar ſcheint er von dieſem Subislav mit einiger Zuverſichtlichkeit zu erzählen, daß er 1170 dies Kloſter geſtiftet, und nach ſeinem wenig Jahre darauf erfolgten Tode, auch in demſelben begraben worden; und ſetzt alsdenn hinzu: De hoc Principe nihil aliud in Chronicis invenitur, traditur tamen primus inter Duces Pomeraniæ fidem catholicam ſuſcepiſſe. Allein ſo nichtig dies ganze, auf ein dreyhundertjähriges Traditur gegründete, Vorgeben iſt, eben ſo augenſcheinlich iſt es auch, daß das vorhergehende auf eben ſo ſeichtem Grunde beruhe. Denn was ſind das für ältere Chroniken, die auch nur das wenige, was gleichſam für gewiſſer ausgegeben wird, mit einiger Zuverläßigkeit gemeldet hätten? Ich weiß ſehr wohl, daß verſchiedene, vor zwey hundert Jahren noch vorhandene alte Preußiſche Denkſchriften, nun entweder verlohren, oder doch verborgen ſind. Hätte aber nur eine darunter eine glaubwürdige Nachricht von der erſten Gründung der Oliva enthalten, ſo würden ſchwerlich ſo mannigfaltige Meynungen, über den wahren Stifter, und das eigentliche Stiftungsjahr derſelben entſtanden ſeyn. Ich will mich nicht

bey

bey den verschiedenen Angaben, die Henneberger [56]) zu seiner Zeit gesammelt hat, aufhalten; Aber es ist doch merkwürdig, daß selbst die so genannte Genesis Ecclesiarum Claraevallensium, mit gänzlicher Uebergehung des damals unbekannten Stifters, die Zeit der Stiftung bis in das Jahr 1186 zurück setzt [57]). Diese Nachricht stammt ganz deutlich aus weit frühern Zeiten, vor Entstehung der Olivischen Chronik und Denkmäler her, anders würde man, nachdem Subislaus Senior einmal zum ersten Stifter der Oliva war angenommen worden, nicht unterlassen haben, zu Folge der bekannten Correspondenz zwischen den Klöstern desselbigen Ordens, hierin mehrere Uebereinstimmung mit der local-Tradition zu zeigen. Man kann auch nicht sagen, daß der Verfasser jenes Aufsatzes, in dem was ein so entferntes Kloster betraf, schlecht unterrichtet gewesen. Er weiß sehr wohl, daß es von Colbaz aus, zuerst mit Mönchen besetzt worden, und nennt es daher, entweder durch einen Schreib- oder Druckfehler, Filiam Coluan. Man hatte also zu der Zeit, als zum Behufe jenes Verzeichnisses die nöthigen Erkundigungen in der Oliva eingezogen wurden, in diesem Kloster selbst, weil der Stiftungsbrief Herzogs Sambors etwan verlegt, und wie es zu geschehen pflegt, in Vergessenheit gerathen war, keine bessere Kenntniß von der ersten Stiftung desselben; wie stehet es also um die damals noch nicht erfundene Tradition, wegen unseres Subislai senioris? Daß zu der Zeit die Sage von der 1186 geschehenen Fundation der Oliva, in andern Cisterzienser Klöstern, wo man doch die beste Wissenschaft darum haben konnte, ziemlich allgemein gewesen, erhellet aus der Uebereinstimmung, der von einem Cisterzienser, zu Anfang des funfzehnten Jahrhunders, zusammengetragenen Nordischen Jahrbücher [58]). Seine Nachricht lautet so: A. 1186. conventus venit in Oliuam [59]). Fast sollte man aus dieser Beständigkeit in der Jahrzahl schliessen, daß sie doch irgend worinn einigen Grund habe, und vielleicht die Einweyhung erst im Jahr 1186. vollzogen worden.

Der

---

56) C. Henneb. Erkl. d. Preuß. Land-
Tafel. S. 338.

57) Ang. Manriquez. Annal. Cister-
cienf. T. III. p. 181. Chrys. Henriques
Menolog. Cistert. p. 316.

58) Langebek Scr. Rer. dan. T. 1. p. 387.
59) Ib. p. 389.

Der von unserm Verfasser zuerst an das Licht gebrachte Stiftungsbrief des Klosters [60]), ist ein angenehmes Geschenk für alle Liebhaber der gründlicheren Geschichte, und dienet zur Bestätigung der Glaubwürdigkeit des Dlugossus auch in andern Fällen, so lange er nicht mit andern ältern Zeugen im Widerspruch ist, indem seine von der Stiftung der Oliva gegebene Nachricht [61]), nach allen Umständen, so gar des Tages der Ausfertigung, damit übereinstimmt, einige kleine Abweichungen in der Rechtschreibung der Namen der dazu gewidmeten Landgüter ausgenommen. Die bey ihm unter dem Jahr 1174. befindliche davon abgehende Nachricht [62]), deren ich oben bereits gedacht habe, rührt vielleicht gar nicht einmal von ihm her, da es fast unglaublich ist, daß er sich selbst innerhalb wenig Blättern so gerade zu widersprechen sollte; es könnte daher wohl ein späteres Einschiebsel eines unwissenden Klüglers seyn, woran es bekanntlich niemals gefehlt hat.

Der gemeldete Stiftungsbrief enthält übrigens gar nichts, das meiner auf den Zeugnissen des Alterthums sich gründenden Behauptung, im geringsten zuwider wäre. Wenn man die Aussagen der älteren Polnischen Schriftsteller so annimmt, wie sie da vor uns liegen, ohne sie durch eigenmächtige Zusätze zu verändern; so lehren sie uns weiter nichts, als daß Casimir II. beym Antritt seiner neuen Regierung, den oftgedachten Samborius mit der Statthalterschaft in der Mark Danzig begnadigt habe. Ob er ihn aber zuerst eingesetzt, oder in der vorher schon besessenen Würde bloß bestätiget habe, ja ob derselbe überall der erste seines Hauses gewesen, der diese Ehrenstelle bekleidet habe, davon läßt sich aus ihrer abgebrochnen Schreibart nichts mit Gewißheit schließen; es muß dies erst, vermittelst Zuziehung mehrerer Nachrichten, aufgeklärt werden. Ueberhaupt ist es schon an sich nicht recht wahrscheinlich, daß Casimir, bey seinem noch unbefestigten Ansehen, sollte in einer solchen entlegenen Gegend, sogleich eine so wichtige Veränderung vorgenommen haben. Vielmehr, da es von Boleslas ohnedem eine ausgemachte Sache ist, daß Cassuben schon vor ihm, von Herren aus demselbigen

Hause

60) S. 25. 26.   61) L. VI. col. 537. cf. Mechov. L. III. c. 16.
62) Ib. col. 525.

Hanse regiert worden, ist es auch, ohne auf die merkwürdigen, und für sich schon entscheidenden Worte des Stiftungsbriefes zu sehen, an sich selbst schon wahrscheinlich genug, daß in der Mark Danzig damals eine ähnliche Einrichtung statt gefunden habe, und schon die Vorfahren Samborii, von den Polnischen Herzogen, nicht leicht in Ertheilung der Statthalterschaft, wo nicht des gesamten Landes, doch wenigstens des Palatinatus Gdanensis, übergangen worden. Aus dem, was oben über die verschiedentliche Erwähnung des Samborius in des Dlugossus Geschichte, gesagt worden, ist genugsam ersichtlich, daß die Nachrichten des Kadlubko und Boguphalus nicht von der ersten Einsetzung desselben, verstanden werden können, und er auch schon vor Casimir II. Gelangung zur Regierung, wenigstens dem Danziger Palatinate vorgestanden habe.

Wenn man aber, mit dem was Geschichte und Documente an die Hand geben, nicht vergnügt, aus gedachter Stiftungsurkunde noch weiter eine völlige Unabhängigkeit unsers Samborii herzuleiten beflissen ist; so kann die dabey angewandte Mühe nicht anders als vergebens seyn [63]. Hat denn wohl der Schluß von dem Staatsrechte des achtzehnten Jahrhunderts, auf dasjenige, so im Zwölften gegolten, nur für mäßige Kenner die geringste Bündigkeit?

Wie? die Begabung eines Klosters, mit einigen vorzüglichen Freyheiten, sollte in jenen Zeiten, wo man fast von keinem heiligen Werk etwas wußte, und alle die nur irgend zur Verrichtung der Geistlichkeit beytragen konnten, auf so mancherley Art dazu ermuntert wurden, einem Herrn, den man nicht dießem als einen bloßen zeitigen Polnischen Statthalter, sondern vielmehr als einen gewissermaßen erblichen, zinsbaren Fürsten anzusehen hat, nicht freygestanden seyn? Und doch findet man, daß noch geraume Zeit hernach, in nicht sehr entfernten Gegenden, bloße Edelleute viel wesentlichere Regalien, und die, welches wohl zu merken, von der Kirche keine besondere Begünstigung erwarten konnten, ja sogar solche Regalien ausgeübt haben, die in neuern Zeiten von verschiedenen Publicisten, selbst den höchsten Reichsständen ab, und allein dem Kaiser zugesprochen worden, wohin besonders das A. 1242. von einem Meklenburgischen Vasallen der Stadt Loytz zuerst ertheilte Stadtrecht gehört [64].

Zu-

63) §. 11.　　　　　64) v. Dreg. Cod. Pom. Dipl. p. 219.

Zudem ist es auch noch nicht ausgemacht, ob nicht die Sechs übrigen Landgüter, die Samborius dem neuen Kloster verlieh, eben sowohl einen Theil seiner besondern väterlichen Erbgüter ausgemacht haben, als der Ort, auf welchem dasselbe angelegt war, von welchem er ausdrücklich sagt: In loco, qui Olyva dicitur, constructo in mea propria possessione, que mihi euenit de paterna hereditate.

Der von unserm Verfasser so genannte Subislaus II. [65] ist vielmehr der einzige dieses Namens aus seinem Hause, so viel uns wenigstens jetzt an Nachrichten davon übrig ist. Da dieses jungen Herrn Andenken, wegen seiner Freygebigkeit gegen das Kloster, in der oben angeführten Bestätigungsurkunde gerühmt wird, so mag vielleicht hieraus mit der Zeit, innerhalb dreyhundert Jahren, der Irrthum geflossen seyn, über den ich mich oben hinlänglich ausgebreitet habe.

Wäre aber auch Herzog Sambor nicht im Jahr 1178 der wirkliche erste Stifter des Klosters gewesen, so sehe ich doch nicht, was der Herr Verfasser dadurch sonderlich gewinnen würde, da man doch gegen das ausdrückliche Zeugniß Herzog Suantepolks, keinen ältern Herrn aus seinem Hause dafür erkennen kann.

Es war freylich zu der Zeit nicht ungewöhnlich, daß auch bloße Edelleute sich durch dergleichen Stiftungen ein Verdienst zu erwerben suchten. Ohne nach Polen oder andere in der Nähe gelegene Länder auszuschweifen; so hat ja das in derselben Provinz mit der Oliva gelegene Carthäuserkloster, Marien Paradeiß, gerade einen solchen Ursprung [66]. Der Stifter des Olivischen Klosters würde also irgend ein Vornehmer, in selbiger Gegend sich aufhaltender Mann gewesen seyn, dergleichen es zu jener Zeit verschiedene gab, welche auch hier den bekannten Slavischen Titel Zupany [67] führten, wie solches aus einem Bambergischen Diplom zu ersehen ist [68], in welchem der Titel: Zupan, durch den bekanntern Baro, erklärt wird: Baronum & Suppanorum; wiewohl der Name Baro, der in Pommerschen Urkunden

D 2   nicht

---

65) S. 27.

66) Henneberg Eiff. d. Pr. II. p. 44.

67) Wenc. Hagek, Ann. Bohemor. Edit. Dobner P. I. p. 96. 97.

68) v. Dreg. C. D. P. T. p. 47.

nicht vor dem Jahr 1238. vorkommt [69]), allba anfänglich ungewöhnlich, und statt deffen das Wort, Princeps, in dem damaligen Lateine beliebter gewesen zu seyn scheinet. Ich gebe dieß für keine gewisse Sache aus; indessen nennt sich ein gewisser Grimislaus, in seiner dem Johanniter-Orden A. 1198. gethanen Schenkung: Qualiscunque vuus de Principibus Pomeranie [70]), wobey man unmöglich an einen dazumal in dortigem Lande regierenden Fürsten gedenken kann, wenn er gleich fast hundert Jahre hernach, in der Bestätigung dieser Schenkung durch Herzog Mestwin II. aus einer jenen Jahrhunderten sehr geläufigen Unwissenheit, von dem halb gelehrten Concipienten derselben, da es zu seiner Zeit mit dem Titel: Princeps, schon eine andere Bewandniß dort hatte, in einen: Ducem Pomeranie verwandelt worden [71]). Weit gefehlt, daß dieser Grimislaus jemals Pommerscher Herzog gewesen wäre, so scheint vielmehr von Dreger sich auch sogar darinn ein wenig übereilt zu haben; daß er ihn sogleich zu dem Oeftlichen Herzoglich Pommerischen Hause rechnet, da doch Mestwin II. dieser Verwandschaft mit keinem Worte gedenkt. Vielmehr ist sehr wahrscheinlich, daß es eben der in dem oft angeführten Stiftungsbriefe Herzog Sambors unter den Zeugen mit aufgeführte: Dominus Grimizlaus Gnezota [72]) sey, welche Stelle also zugleich seinen Geschlechtsnamen entdeckt. Da er übrigens kaum derselbe Grimislaus seyn kann, welcher dreyßig Jahre später in einer Urkunde Herzog Conrads von Masuren [73]) vorkommt, so könnte doch dieser vielleicht ein Nachkomme oder doch ein Seiten verwandter von ihm seyn, da Kriviojabus, der als dessen Bruder angegeben wird, eben daselbst Comes heißt, wodurch vielleicht seine persönliche Würde, vielleicht aber auch seine Herkunft angezeigt wird, in welchem letztern Falle, Comes hier eben so viel, als bey dem älteren Grimislaus, der Titel, Princeps, bedeuten würde, daß nämlich beyde Personen zu dem Herrenstande gehört, und ungefähr dasjenige gewesen wären, was der Name, Zupan, bey den Slavischen Völkern ehedem anzeigte.

Es stünde also dahin, ob nicht ein solcher Zupan, wo nicht ein bloßer Edelmann, den ersten Grund zu dem Olivischen Kloster gelegt habe? Da man

---

[69] Ib. p. 191.
[70] Ib. p. 59. 60.
[71] D. J. 62.

[72] S. 26.
[73] v. Dreger II. p. 119.

man es nachgehends für rühmlicher gehalten, die erste Stiftung einem Landes-
fürsten zuzuschreiben, auch vielleicht geglaubt, daß niemand als ein regieren-
der Herr einer solchen Unternehmung fähig sey, könnte dies Gelegenheit gegeben haben, daß dieser unbekannte Stifter jetzt als Subislaf I. Herzog von
Pommern erscheint. Daß die guten Mönche sich hierinn geirrt haben, ist
aus obigem klar, und die ganze Stiftung scheint auch gar nicht von der Wich-
tigkeit, daß sie sich genugsam für die Würde so ansehnlicher Herren geschickt
hätte, ja es ist überhaupt gar nicht abzusehen, worinn diese Stiftung eigentlich bestanden haben könne, da selbst der Grund, auf welchem das Kloster erbauet worden, vor der Schenkung Herzog Sambors, nicht einmal desselben Eigenthum war.

Die Wahrheit also zu sagen, scheint die ganze Erzählung von der frü-
heren Stiftung des Klosters Oliva, nur aus einem Misverständnisse, und
Verwechselung des jüngern Subislafs herzurühren. Alle Umstände kommen
darinn überein, daß sie uns den Herzog Sambor als ersten und wahren Stifter desselben im Jahr 1178. zeigen. Es lag dasselbige auf seinem erbeigen-
thümlichen Grunde, der erst damals durch seine Schenkung dem Kloster zu
Theil wurde. Nur war zwischen der Berufung der ersten Bewohner desselben, nebst ihrem Abte, Dithardus Colbacensis Conversus 74), und der hernach erfolgenden Dotirung so viel Zeit verstrichen, daß in der verlaufenen
Zwischenzeit bis zu Ausfertigung des Schenkungsinstruments, bereits die nöthigen Gebäude aufgerichtet waren. Herzog Sambor erwähnt darinn auch
keines vorhergehenden Stifters, weder aus seinem Hause, noch sonst eines
Fremden.

Mestwin I. von welchem unser Verfasser hernach redet 75), hat zufolge
der Stiftungsurkunde des Klosters Sukow von An. 1209, die unser Verfas-
fer anzieht, nichts mehr als den Palatinatum Gdanensem, mit Ausschlie-
ßung des Palatinus Suecensis, unter Bedingungen, deren eigentlichen Inhalt
itzt wohl niemand im Stande ist, anzugeben, bis an seinen in dem Jahre
1220 erfolgten Tod besessen. Er nennt ja sich selbst nicht Ducem Pomeraniae,
sondern nur Princeps in Gdansk, und ist also niemals von seinem Oberherrn

D 3

74) v. Dreg. Ib. p. 478.   75) §. 12. 13.

zu Regierung beyder Palatinate berufen worden. Wie wenig er dem ohnge-
achtet nöthig gehabt, sich bey damaliger Lage der Sachen, um die Einwilligung seines Souverains, zur Begabung dieses Klosters mit einigen Einkünf-
ten, aus der in seinem gewissermaßen erblichen Gebiete gelegenen Stadt Danzig, ängstlich zu bekümmern, darf ich hier wohl nicht wiederholen, da ich hievon bey Gelegenheit der Schenkung des Samborius zureichend gesprochen habe.
Hingegen hat es mit der Zustimmung seiner um ihn befindlichen Söhne eine
andere Bewandniß; er konnte nicht wohl Umgang nehmen, sich derselben zu
versichern, wenn zumal die Einnahme, die er dem Kloster auf dem Lande
anwies, in villis, in campis, ihrer künftigen Erbschaft dadurch entzogen
wurde. Kommen also ja bey diesem Anlaß, nach unsers Verfassers Ausdruck, einige Prahlereyen vor, so wollen wir sie an ihren Ort gestellt
seyn lassen.

Indessen sehe ich nicht, wie bey diesem, aus den Urkunden selbst ge-
schöpften Begriff, von der ehemaligen Erstreckung des Ansehens unseres Mesti-
wins I. sich mit Bestande, gegen das Zeugniß des gleichzeitigen Boguphall,
irgend etwas einwenden lasse. Daß nämlich der Pohlische Herzog, Lesco
albus, noch bey Lebzeiten dieses Mestwins, seinen Sohn Suantepolk, der,
da er An. 1266. in einem hohen Alter von sieben und neunzig Jahren verstor-
ben ist [76]), zum Anfange des dreyzehnten Jahrhunders die dazu nöthigen
Jahre bereits erreicht hatte, über ganz Pommern, nämlich die beyden Palatinate, die damals zusammen das obere Pommern, Pomerania superior,
ausmachten, so wie es auch Cromer verstanden hat, gesetzt habe, statuit loco
sui Capitaneum Swantopolkonem, sagt Boguphalus.

Was die neueren Zusätze des auch in der Jahrzahl irrenden Dlugossus
betrifft, so hat er zwar darinn Recht, daß Suantepolk ein Sohn Mestwins, Mzugii, gewesen sey, es kann auch wohl, mit dem Tribut von tausend
Mark Silbers jährlich seine Richtigkeit haben, obgleich die Summe für jene
Zeiten beynahe zu hoch angesetzt ist, da außer derselben annoch er so wohl als
sein Vater, aus diesem Lande ihre standesmäßigen Einkünfte ziehen sollten;
was er aber von der Herkunft dieses Suantepolks hinzugefügt, daß er genere
nobili

76) Casp. Schützii Rer. Prusse. Hist. pag. 78.

nobili de domo Gryphonum gewefen fey, beruhet auf einer Verwirrung, mit dem in dem benachbarten Caffuben der Regierung vorftehenden Haufe, die zu feiner Zeit angieng, da die herrfchenden linien diefer beyden Häufer fchon längft ausgegangen waren.

Mögen doch übrigens noch fo viele Danziger, oder andere Gelehrten, durch das, auf ungültige Fälle ausgedehnte Anfehen, des fonft in neueren Zeiten allerdings klaffifchen Schützens, geblendet, bis auf die neueften Zeiten, der höchft glaubwürdigen Nachricht des gleichzeitigen Boguphalus widerfprochen haben; wird deswegen, was einmal Wahrheit ift, es hernach minder feyn? Was infonderheit die Einwendungen des unlängft zu feiner Ruhe eingegangenen, an Verdienften und Jahren gleichreifen Hanows betrift, fo arbeitete er hier bekanntlich in einem ihm etwas fremden Felde, und fuchte gegen die lauteren Vorfchriften der hiftorifchen Kritik klare Ausfprüche der Augen- und Ohrenzeugen, durch allerley zufammen gehäufte philofophifche Gründe, die er befonders von dem, nach feinen Vorausfetzungen, Wahrfcheinlicheren, hernahm, zu entkräften. Wie wenig ihm diefes geglückt habe, könnte ich hier mit leichter Mühe zeigen, wenn der Raum folches litte, und nicht auch ohnedem bey finkendem Fundamente, das ganze Gebäude hinftürzte. Ich kenne nur einen einzigen Leibniß, deffen unermeßliches Genie mit gleichem Rechte in der Philofophie und Hiftorie herrfchte.

Die Einfetzung Suantepolks zum Ober- Statthalter und Feldherrn fämmtlicher Pommerifchen Kriegsmacht, Capitaneus, welches wohl der genaue Begriff ift, den uns Boguphalus von diefer Sache giebt, als welcher von der ihm auf Bitte der Pommerifchen Stände, wegen Entlegenheit des Hoflagers, anvertrauten oberften Juftizverwaltung nichts weiß, fällt nicht in das Jahr 1205, fondern erft in das folgende. Denn nachdem Boguphalus 77) verfchiedene Vorfälle des Jahrs 1205. mit den Worten befchloffen: et hoc A. D. 1205to; fo fängt er feine Erzählung von neuem mit der Reife des Lefco albus nach Pommern, und der erfolgten Erhebung des Suantepolks alfo an: Poft hec Lefco Albus Pomeraniam intrat &c. gehört alfo diefe Begebenheit vielmehr in das Jahr 1206.

. Und

77) ap. v. Sommersb. Ib. p. 56. 57.

Und dieses trift genau in dieselbige Zeit, da an der Polnischen Seeküste ein gefährlicher Krieg mit Dännemark ausbrach, und die Nothwendigkeit selbst befahl, die schleunigsten Anstalten zur Abwendung des besorglichen Verlustes der Seeprovinzen vorzukehren. Wie vortreflich knüpft sich also die Erzählung des Polnischen Boguphalus an die gleichglaubwürdigen Dänischen Berichte, von denen ich sogleich reden werde.

Vorher aber muß ich bey Gelegenheit der Dänischen Unruhen erinnern, daß aus der wahreren Geschichte derselben unwidersprechlich erhellet, wie wenig man sich auf die Berichte der Pommerischen Schriftsteller, auch in Ansehung derjenigen, was sich in den ersten Zeiten nach Einführung des Christenthums, in dortiger Gegend zugetragen haben soll, verlassen könne [78]). Durch eine ungewisse Tradition kamen die Nachrichten von den durch mehrere Dänische Könige, die den Namen Waldemar geführt hatten, nach ihrem Lande unternommenen Zügen auf sie herunter. Ehe etwas davon aufgezeichnet wurde, waren die Spuren schon längst verwischt, wie viel von den aufbehaltenen Begebenheiten diesem oder jenem Waldemar eigentlich zuzuschreiben sey. So viel war aus archivalischen Nachrichten, auch andern Zeugnissen gewiß, daß ihre Vorfahren bereits die siegreichen Waffen König Waldemars I. empfunden hatten. Ohne weiteres Bedenken eigneten sie also demselben auch die östlicheren Eroberungen seines Sohns Waldemars II. zu, und die Preußischen Geschichtschreiber traten getrost in ihre Fußstapfen [79]), und verbanden, wie es sich für einen solchen ungeschehenen Feldzug gut schickt, denselben mit der fabelhaften Erbauung des seit Jahrhunderten schon stehenden Danzigs, durch ihren vermeintlichen Subislaus. Selbst der scharfsinnige Pontanus [80]), läßt sich, ungeachtet er aufrichtig gesteht, daß er in den einheimischen Jahrbüchern nichts von dem vorgegebenen Zuge Waldemars I. in die Weichselgegend vorgefunden habe, durch die jüngeren Pommerischen Scribenten zu der Treuherzigkeit verleiten, daß er, vielleicht zu Vermehrung des Ruhms der Nation für die er schrieb, diesen Feldzug in seine vortrefliche Geschichte aufnimmt, und nebst der diesem Waldemar I. ohne Grund zugeschriebenen Erbauung von Danzig, in das

78) S. 31. 32.
79) Schütz R. Pr. Hist. p. 31.
80) Rer. Danic. L. VI. p. 246.

das Jahr 1164. anſetzt. Es iſt alſo dem Dlugoſſus, wenn man auf ſeine Zeiten Bedacht nimmt, beſtoweniger zu vertibeln, daß er gleichfalls in der Beſtimmung der Jahrzahl des Däniſchen Einfalls in Caſſuben, ſich ſo wie in dem wahren Namen des Däniſchen Königs geirrt hat, da ſeine Ausſage übrigens den Däniſchen Berichten wechſelsweiſe Licht ertheilt, und auch von denſelben wieder empfängt.

Daß aber unter König Waldemars I. Regierung die Polniſchen Seeprovinzen, keinen Anfällen von Däniſcher Seite ausgeſetzt geweſen, iſt aus dem übereinſtimmigen Zeugniß der älteren Schriftſteller dieſes Volks, eine ſo ausgemachte Sache, als daß würklich ein Waldemar I. bey demſelben ehemals regiert hat.

Der älteſte itzt verhandene allgemeine Däniſche Geſchichtſchreiber, Sueno Aggonis, bedient ſich zwar in Beſchreibung der Kriegsthaten Waldemars I. nur des allgemeinen Slaviſchen Namens [81], und man könnte alſo durch eine gewaltſame Auslegung den ganzen an der Oſtſee belegenen Landesſtrich bis zur Weichſel und noch weiter hin, darunter ziehen, er erklärt ſich aber ſelbſt ſogleich deutlicher, wenn man hiemit dasjenige vergleicht, was er unmittelbar darauf unter deſſen Sohne, Canut, melbet, indem er ſagt, es hätte derſelbe mit den Slaven und Pommern, die er alſo von den Slaven unterſcheidet, Krieg geführt [82]; er verſteht alſo unter dem Slaviſchen Namen nicht, wie es einem obermähnten Diplom zufolge, in Rügen und vielleicht auch in Pommern gewöhnlich war, Caſſuben, ſondern mehr nach damaligem Niederteutſchen Gebrauche, das Meklenburgiſche, nebſt der daran ſtoßenden Leutiziſchen Gegend; als welche letztere damals noch nicht zu Pommern gerechnet wurde. Eben ſo redet der Däniſche Minorite Petrus Olai [83], von dem berühmten Biſchof Abſalon, welcher den K. Waldemar auf ſeinem Zuge begleitete: Cum Rege Waldemaro Sclaviam & Rugiam ad ſidem Chriſti convertit; da er ſich hingegen von dem ganz verſchiedenen Zuge Waldemars II. ſo ausdrückt: Anno ſuo octavo ſcilicet An. Dom. 1210. miſit exercitum in Pruciam & Finland, (vielleicht Semland), & ſubjugavit ſibi terras illas.

Man

----

81) Langebek Scr. Rer. Dan. T. I. p. 63.
82) Ib. p. 64.
83) Langeb. Scr. R. D. T. I. p. 121.

C

Man kann damit auch andere in eben dieser Sammlung befindliche Dänische Schriftsteller vergleichen [84]), unter denen zwar Hamsfort der Zeit nach der jüngste ist, aber nach Hrn. Langebek's Geständniß [85]), in den Zeiten nach Adam von Bremen, seine Nachrichten aus guten Quellen gezogen hat. Es zeigt derselbe aber bey seiner Ausführlichkeit aufs deutlichste, wie weit sich eigentlich die Unternehmungen Waldemars I. an der Baltischen Küste erstreckt haben [86]). Jedoch was braucht es aller der späteren Zeugnisse, da wir an einem der besten Geschichtschreiber der mittleren Zeiten, Saxo Grammaticus, einen eben damals lebenden Zeugen noch übrig haben, dem es auch wegen seines genauen Umgangs mit dem berühmten Bischof Absalon, an genugsamer Kenntniß des zu der Zeit vorgegangenen unmöglich fehlen konnte, und der dennoch, da er bey der ausführlichen Anzeige aller Umstände der Regierung Waldemars I. so weit sein Werk nur reicht, einen so merkwürdigen, in das Jahr 1164. gemeiniglich gesetzten Feldzug übergeht, durch sein Stillschweigen die ganze Fabel von Waldemars I. Kriege, mit dem vorgegebenen Subislaus senior, auf einmal darnieder schlägt.

Mit mehrerer Richtigkeit also setzen wir die Dänischen Eroberungen in Cassuben und Pomerellen, in die Zeiten Waldemars II, und des erwähnten Mestwins I. Wir haben schon oben aus einer glaubwürdigen Dänischen Nachricht ersehen, daß der erste Abfall auf den Nachbarn Mestwins, den in Cassuben gebietenden Boleslaus, oder wie er mit einem leichten Uebergange von einem ungewöhnlichen Namen zu einem andern etwas bekanntern heißt, Ladislaus, im Jahr 1206. geschehen sey. Wie sehr bestätigt dies nicht, nach mehrer schon gemachten Erinnerung, die Aussage eines gleichzeitigen Polnischen Schriftstellers, woferne anders dieselbe einige Bestätigung bedarf?

Fällt es nicht jedem, ohne mein Erinnern, in die Augen, daß Herzog Lesco albus, an diesem entstandenen Dänischen Kriege, die wichtigste Veranlassung hatte, den großen Suantopolk zum Oberbefehlshaber im gesamten Pomerellen, eben in diesem Jahr 1206. zu ernennen? Daß Boguphalus uns die

84) Petri Olai Annal. Dan. p. 177. 78.   85) Ib. p. 266.
Annal. Esrom. p. 241, 42.   Ann. Min.   86) Ib. p. 276-82.
Wisb. p. 253.

die Ursachen, die den Herzog Lesco Albus zu diesem Schritt bewogen haben, verschweiget, kann wohl kaum aus Nachläßigkeit herrühren, vielmehr scheinen ihn andere Gründe, zur gänzlichen Uebergehung dieses Dänischen Einfalls vermocht zu haben, denen ich itz nicht nöthig habe, weiter nachzugehen.

Es ist bekannt genug, daß das zuerst über dem erblichen Statthalter in Cassuben, Boleslaus, ausgebrochene Ungewitter, nach dessen Ueberwindung sich auch allgemach in die der Weichsel näheren Gegenden gezogen habe. Hierüber gerieth selbst Danzig An. 1210, unter Dänische Bothmäßigkeit, aus der es erst An. 1224, als bey damaligem zerrütteten Zustande des Dänischen Reichs, ein fast allgemeiner Abfall, der so lange unter dem Joche gehaltenen Völker und Fürsten erfolgte, nach vierzehn, nicht wie Pontanus [87] unrecht zählet, siebzehnjährigem Besitz, durch Suantepolk, Suenteplucus, befreyet wurde.

Da dies eine allgemeine zugestandene Begebenheit ist, so hätte ich nicht nöthig, mich länger dabey zu verweilen, wenn nicht in der Art, wie alte Dänische Schriftsteller dieselbe erzählen, etwas besonders merkwürdiges wäre. Weder das itzige Pomerellen, noch auch selbst Cassuben, führt bey ihnen den Pommerischen Namen: Sie, als Ausländer, wissen von keinem andern Pommern, als demjenigen, das den Slavisch-Pommerischen Herzogen damals gehörte. Entweder sie begreifen aus schon vorher bemerkten Ursachen, die damaligen Polnisch-Pommerischen Länder mit unter dem Preußischen Namen, oder wenn sie der Bezwingung Mestwins ausdrücklich erwähnen, so wollen sie ihn für einen Polnischen Herrn gehalten wissen. Und doch hatten die Dänen, seit K. Waldemars I, Zeiten, mit den Slavisch-Pommerischen Herzogen so viel zu schaffen gehabt, daß ihnen der gemeinschaftliche Ursprung der beyden Pommerischen Häuser unmöglich hätte verborgen bleiben können, falls an der ganzen Sache etwas gewesen wäre.

Wir wollen sie also einen Augenblick anhören. So sagen die Annales Esromenses: A. 1209. Expedicio facta est in Pruciam & Samlandiam [88], und die Annales Minorum Wisbyensium: A. 1210. Waldemarus duxit expedi-

E 2   tionem

tionem in Pryſciam & Sameland [89]). Scheint es nicht beynahe, daß das eigentliche Preußen unter der Samländiſchen, und hingegen die demſelben jenſeit der Weichſel gelegene Gegend, unter der Preußiſchen Benennung begriffen ſey? Man hat ſich vordem bereits, auf die Ausdrücke der dem König Erich aus Pommern gemeiniglich zugeſchriebenen Chronik berufen, und Hr. Langebek hat dagegen deutlich erwieſen, daß man demſelben mit Unrecht für ihren Verfaſſer ausgegeben [90]). Was indeſſen dieſem Beweiſe auf einer Seite dadurch an ſeinem Werthe abgeht, daß er nicht mehr für ein Zeugniß eines Herrn aus dem Slaviſch-Pommeriſchen Hauſe gelten kann, das erſetzt ihm dagegen reichlich ſein zuerkanntes weit höheres Alterthum, da dieſe Chronik um das Jahr 1288. für den König Erich Menved, durch einen Ciſterzienſer vermuthlich zuſammen getragen worden. Zu dieſer Zeit alſo, da die vielfältigen Händel mit den Slaviſch-Pommeriſchen Herzogen noch in friſchem Andenken waren, wußte man dennoch in Dännemark ſo wenig von der vorgeblichen jüngeren Linie dieſes Hauſes, und war vielmehr von der innigen Verknüpfung des Danziger-Pommeriſchen Hauſes, und des ihm untergebenen Landes mit Polen ſo überzeugt, daß der unbekannte Verfaſſer ſeine Nachricht von der Unternehmung Waldemars II. gegen daſſelbe, am beſten in folgende Worte einzukleiden glaubte: A. D. 1210. expeditio facta eſt in Pruciam & Samland. Millwin Dux Poloniae factus eſt homo Regis [91]), ſo daß er faſt unſern Meſtwin, zu dem damals in Polen regierenden Hauſe rechnet; ob dazu einiger Grund vorhanden, werden wir vielleicht unten ſehen. Vor itzt erwähne ich nur, daß der zwar nur im vorigen Jahrhunderte lebende, aber auf ältere Zeugniſſe ſich überall, ſo weit ſie nur zulangen, ſtützende Pontanus, von deſſen Pünktlichkeit in dieſem Stück wir oben ein Beyſpiel geſehen haben, mit gedachter Chronik, ungeachtet der von ihm gebrauchten und nur zu hoch gehaltenen Pommeriſchen Schriftſteller, vortreflich übereinſtimmt, da er beym Jahr 1210. ſich ſo ausdrückt: Valdemarus — — expeditionem in Prutenos ſuſcepit — —. Praeter ceteros coactus Polanorum Dynaſta Miſlouius in verba & obſequium ejus ſacramentum dicere [92]).

Aus

89) Ib. p. 254.   91) Chron. R. Erici p. 172. Ed. Fabric.
90) Ib. p. 149.   p. 165. Ed. Langeb.
92) L. VI. p. 301.

Aus Zusammenhaltung dieser höchstglaubwürdigen auswärtigen Zeugnisse, mit den Polnischen gleichzeitigen einheimischen Berichten, erkennet man also mit größter Zuverläßigkeit, daß, nachdem der Dänische Krieg im Jahr 1206. in Cassuben zuerst angegangen, und Polnischer Seits der tapfere Suantepolk, als Oberfeldherr dem weiteren Einbruch der Dänischen Waffen entgegen gesetzt worden, ihm das Kriegsglück so wenig günstig gewesen, daß nach Bezwingung des Cassubischen Herzogs Boleslaus, sich der Sturm weiter im Jahr 1209. über seines Vaters Mestwini I. land ausgebreitet, und derselbe im folgenden Jahr 1210. sogar gezwungen worden, sich und sein land in Dänischen Schuß zu übergeben. Daß Suantepolk an dieser Unterwerfung Theil genommen, meldet niemand; vielmehr scheint er diese Zeit hindurch den Palatinatum Suecensem, unter Polnischer Hoheit regiert, und von daraus die Dänen so viel möglich in ihren neuen Besitzungen beunruhigt zu haben.

Sehr merkwürdig ist es auch, daß Pontanus aus seinen vorliegenden Nachrichten, sich keinen höhern Begrif von unserm Mestwin machen können, als daß er ein Polnischer Dynasta gewesen sey, also zwar wohl einigermaßen, ein Herr von Fürstlicher Würde, aber nichts weniger als ein freyer unabhängiger Regente. Was soll man also zu den jungen Pommerischen Nachrichten sagen? Ist es nicht bey allen, die solcher Sachen nur einigermaßen verständig sind, eine schon ausgemachte Sache, wer mehr Glauben verdiene?

Bey so bewandten Umständen würde es zwar dem angenommenen System, von der Regierung des gesammten Polnischen Pommerns durch Mestwin I, der bis 1220. gelebt hat, nicht aber der erwiesenen historischen Wahrheit widersprechen, wenn Suantepolk sich schon im Jahr 1215, denn so will von Dreger das angegebene Jahr 1205. verbessern 93), einen Herzog von ganz Pommern genannt hätte 94). Indessen heißen uns wichtige Gründe, das wahre Jahr der Ausfertigung dieser Urkunde, erst in das Jahr 1225 setzen. Denn wie sollte der 1295 erst verstorbene Mestwin II, auch nur im Jahr 1215, das zur Fähigkeit eines Zeugen erforderliche Alter erreicht haben? Wie hätte

E 3 auch

93) C. D. Pom. T. I. p. 71-75.   94) §. 14.

auch vor 1222, als Bugislaus II. noch lebte 95), sich Barnym I. einen Ducem Stettynensem können nennen laffen? Es muß also wohl 1225 heißen, und obgleich alsdenn die Schwierigkeit eintritt, daß der Nachfolger Seghewini, Conradus II. schon 1219. Bischof von Camin geworden, so wäre es doch nichts weniger als ohne Beyspiel, daß der Bischof Seghewinus 1225. noch würklich am Leben gewesen, auch den Titel eines Caminschen Bischofs noch fortgeführet, wenn er sich gleich schon seit einigen Jahren der würklichen Verwaltung seines Amtes begeben hätte, und Conrad II. vorlängst in seine Stelle eingesetzt gewesen wäre, , Zudem ist ja auch das Original dieser Urkunde schon längst verlohren gegangen, wie leicht kann alfo der Abschreiber, wenn er eben vorher eine Urkunde vom Bischof Seghewino unter Händen gehabt, in Ansehung des Namens dieses Bischofs hernach einen Schreibfehler begangen, oder doch wenigstens einige nähere Bestimmungsworte des Originals ausgelaffen haben, die uns sonst zeigen würden, daß Bischof Segheminus damals nichts weiter mehr, als den Bischöflichen Titel geführt habe. Wäre dies etwan zu viel von den Pommerischen Urkunden eines Zeitraums gemuthmaßet, aus welchem eine von eben dem Barnim I. übrig ist, die er ad peticionem Domini Paulini Abbatis de Mogylna gegeben 96), wonach von Dregers eignem Geständniß, aus dem Namen des Ordens der Name eines Abts geworden, indem von einer Schenkung an das Paulinerstift zu St. Albrecht bey Danzig, darinn die Rede ist. Ja eben dieser fleißige Sammler bringt sogar eine Urkunde bey, worinn selbst in Ansehung der Genealogie des Herzoglichen Slavisch-Pommerischen Haufes, ein handgreiflicher Irrthum befindlich ist 97).

Daß sich aber Suantepolk im Jahr 1225. einen Ducem totius Pomeraniae, genannt, dazu kann er desto mehr Ursache zu haben, geglaubt haben, weil er sich bereits in den Besitz des, durch den Tod seines Schwiegervaters erledigten Caffubischen Gebiets gesetzt hatte, und nach der Vertreibung der Dänen aus Danzig, durch ganz Pomerellen ohne Widerspruch herrschte.

Um

95) v. Dreg. Ib. p. 105.   96) v. Dreg. p. 177.
                    97) Ib. p. 38.

Um diese Zeit muß er auch schon bey dem Polnischen Herzoge Lesco Albus, um die Bestätigung dieser eigenmächtigen Besitznehmung, und des sich zugeeigneten Herzoglichen Titels angehalten haben. Denn daß über diesem Ansuchen, bey dem noch zur Zeit öffentlich anerkannten Oberherrn, bis zu den 1227. erfolgten offenbaren Feindseligkeiten, eine geraume Zeit verstrichen, ist aus der Erzählung des damals lebenden Boguphali genugsam ersichtlich. Nothwendig wird er doch wohl eine Zeitlang unter dem angenommenen Schein eines getreuen Vasallen, seinen Endzweck bey dem Herzoge Lesco Albus, zu erreichen gesucht haben, und als ein kluger Herr, es nicht ehe zu dem immer gefährlichen Schritte, der Aufkündigung des Gehorsams und Verweigerung des schuldigen Tributs, haben kommen lassen, als bis er alle Hoffnung aufgegeben, zu dem eifrigst verlangten Ziel, durch sichrere und anständigere Mittel zu gelangen, und dabey zugleich von der Beypflichtung seiner Unterthanen zu seinem Vorhaben, genugsam versichert gewesen. Und auch alsdenn mußte noch einige Zeit vergehen, ehe sich Lesco zu dem allgemeinen Aufgebote entschloß, und sich dadurch in den Stand zu setzen suchte, einem so mächtigen und tapfern Widersacher, mit einiger Hoffnung eines guten Ausgangs, zu begegnen.

Da man sich sonst so fleißig auf die, wiewohl zu jungen Olivischen Monumente beruft, so wollen wir einmal hören, was denn die zu Schützens Zeit noch vorhandene Aufschrift von diesem Suantepolk meldet? Es ist dieses: Erat Suantepolcus vir bellicosus, & aduersus omnes sibi infestos victoriosus, qui etiam victrici manu se de subjugio Principum Poloniæ excussit, se & sua viriliter defendendo 98). Man wende ja nicht ein, daß nach meiner eignen Angabe, diese Aufschrift erst in Polnischen Zeiten verfertigt worden. Sie ist keinesweges nach Polnischem Geschmacke eingerichtet; man vergleiche nur mit ihren Ausdrücken, die ganz verschiedene Art, wie die Polnischen Schriftsteller, von eben diesem Abfall Suantepolks sprechen. Nimmermehr würde ein Pole, ihm einen solchen Lobspruch, wegen der Befreyung seines Landes von einem auswärtigen Joche ertheilt haben, so wie es, mehr nach der Vorstellung dieses ehemaligen Deutsch-Preußischen Verfassers, als in der

Tat

98) Schütz Ihld. p. 79.

That gewesen war; denn eigentlich waren wohl, wenn man etwan die Gegend von Danzig ausnimmt, worüber ich mich hier nicht weitläufiger auslassen kann, die übrigen Einwohner von Pomerellen, zu Suantepolks Zeit, an Sprache und Sitten von andern Polen unmerklich verschieden. Indessen ersieht man aus der angeführten Aufschrift genugsam, was zu jener Zeit, da noch fast kein Polnischer Geschichtschreiber ans Licht getreten, von der ehmaligen Unterwürfigkeit Suantepolks gegen Polen, in dem Polnischen Preußen bis zur Erfindung der neuen Pommerischen Hypothese, geglaubet worden. Und da diese Ueberlieferung doch zu einiger Bestärkung der älteren Zeugnisse dienlich ist, habe ich sie nicht ganz übergehen können.

Es ist also gar nicht abzusehen, was auch nur mit dem geringsten Scheine, den vereinigten Zeugnissen des gleichzeitigen Boguphall und des bald nach ihm lebenden Fortsetzers des Kadlubko [99]), entgegen gestellt werden könnte. Mit eben so wenigen Rechte läßt sich die Nachricht des sonst so glaubwürdigen Leuthingers [100]), der doch gewiß gar keine Interesse bey einer vorsetzlichen Erdichtung haben konnte, und der nur, nach der übeln Gewohnheit seiner Zeit, die Quelle verschweigt, aus der er geschöpft hat, so schlechterdings verwerfen [101]). Waren gleich zu seiner Zeit die besten alten Geschichtschreiber von dortigen Sachen noch im Verborgenen, war ihm auch der freye Gebrauch der Urkunden versagt, so konnte er sich dagegen leichtlich anderer Handschriften bedienen, die nun längst verlohren gegangen. Das ehemalige Daseyn eines Janus beruht auch nicht auf seinem alleinigen Zeugnisse. Grunov, ein alter Preußischer Chronikschreiber, den wohl niemand beschuldigen wird, daß er zu den gelehrten Erweiterern und Ausschmückern der älteren Geschichte, an denen selbst Jahrhundert in der Folge solchen Ueberfluß hatte, gehöre, und von dessen wenig ausgebreiteter Handschrift Leuthinger wohl schwerlich Wissenschaft haben konnte, gedenkt des Janus gleichfalls, obwohl mit einigen fabelhaften Zusätzen [102]). Allem Ansehen nach ist er eben derjenige Sohn, des kurz vorher von Casimiro zum Herzoge von Nieder-Pommern oder Cassuben ernann-

---

99) p. 30. 31. Ed. Ged.
100) N. Leuthingeri Topogr. Marchiae, in Ej. Opp. Ed. Kuster. p. 1155.

101) S. 35.
102) Preuß. Saml. Band. III. S. 663. 664.

ernannten Boleslaus, der um das Jahr 1181. sich, nach der Aussage Boguphali [103]), mit einer Tochter des vertriebenen Polnischen Herzogs Meszko vermählte.   Dieses Jani Tochter heirathete also nachgehends unser Suantepolk, und da man ihm in seinem doppelten Ansuchen, um die Nachfolge in dem von seinem Schwiegervater vorher regierten Cassuben, und Ertheilung der erblichen Würde eines Herzogs über das ganze Polnische Pommern, wiewohl Boguphalus nur eigentlich des: Ducatus Pomeraniae superioris gedenkt, nicht willfahren wollte: so bediente er sich endlich der günstigen Gelegenheit, das Polnische Joch gänzlich abzuschütteln.   Nach dem Geständniß seiner hitzigsten Feinde fehlte es ihm nicht an Muthe und Verschlagenheit; er setzte also das einmal angefangene Werk glücklich durch, und da sich zuletzt 1227. ein Polnisches Heer bey Gansow wider ihn zusammenzog, so überfiel er dasselbe, ehe es vollständig bey einander war, unvermuthet, wobey der Polnische Herzog Lesco selbst auf der Flucht umkam.

Dies ist wenigstens der wahre Begrif, den man aus der Erzählung des damals lebenden Boguphali, von diesen Vorfällen sich machen muß. Haben nachgehends spätere Polnische Schriftsteller an dieser Begebenheit gekünstelt, so geht uns das nichts weiter an, da der Ungrund ihres Vorgebens, sobald es dem Boguphalus hierin widerspricht, am Tage liegt.

Genug, daß aus dem bisher erwiesenen deutlich zu ersehen ist, ob nicht Suantepolk sehr erhebliche Ursachen gehabt haben könne, um die erbliche Herzogliche Würde, gerade zu der angegebenen Zeit, bey den Polnischen Herzogen anzusuchen; da weder Er, noch sein Vater dieselbe jemals besessen hatten, weswegen sich letzterer auch nur einen Principem in Gdansk titulirte;   denn was seinen Vatersbruder Samborlus betrift, so war entweder dieser Titel mit dessen Sohne Subislaus wider erloschen, oder es war auch nur bloß eine persönliche Würde, so wie sie Suantepolk selbst seit 1206. mag geführt haben.

Da

---

103) ap. Sommersb. Ibid. p. 47.

F

Da das oben 'gesagte sich sowohl auf die von unserm Verfasser angeführten Schenkungsbriefe [104]), als auch auf die bewährtesten Zeugnisse alter Schriftsteller gründet, so mag er selbst zusehen, auf welche Angabe sich seine beym Schluß des 14ten §. gebrauchten Ausdrücke am besten passen.

Im folgenden [105]) sucht er seine Voraussetzungen noch weiter zu bestätigen; allein ich zweifle, daß er darinn glücklicher seyn wird.   Denn daß Suantepolk in allen seinen Handlungen nach dem Jahr 1227. sich als einen freyen, unabhängigen Fürsten geäussert habe, geben wir ja alle beyde zu; die Frage ist nur, mit welchem Rechte solches geschehen sey? Ob in der Geschichte damaliger Zeit, nicht die mindeste Nachricht zu bemerken sey, daß Polen im geringsten dem Herzog Suantepolk die neulich angemaßte Landeshoheit hätte streitig machen, und seine Oberherrschaft gegen denselben behaupten wollen, wird sich unten ausweisen.   Weswegen aber Polen eine geraume Zeit hindurch, sich dabey ganz unthätig verhalten, davon entdeckt seine eigene Erzählung schon eine hinlängliche Ursache, indem er des innerlichen Kriegs erwähnt, den zwey Groß-Polnische Herzoge 1229. unter einander geführt haben [106]): man braucht sich auch nur ein wenig in der Geschichte umzusehen, so wird man bald die damalige Schwäche und Uneinigkeit der verschiedenen Polnischen Herzoge gewahr werden.

Daß Suantepolk die neuerlich zum Christenthum gebrachten Preußen gegen den deutschen Orden aufgehetzt [107]), sagt nicht nur der an sich schon genugsam glaubwürdige Boguphalus; auch Peter von Düsburg bekräftigt es [108]). Niemand wird auch einigen Widerspruch darin finden, daß eben die von seinen Brüdern dem Orden zugeflossenen Schenkungen, den Grund zu seinem nachherigen Widerwillen gegen denselben gelegt haben. Wie aber der mit dem Orden, den es ja auf keine Weise angieng, ob Suantepolk ehedem in Unterwürfigkeit gegen Polen gestanden habe, oder nicht, nachmals von ihm getroffene Vergleich), etwas zur Ueberzeugung von dem, was freylich der Hauptentzweck jener Schrift ist, beytragen könne, das wird nicht jeder so leichte als unser Hr.

Ver-

104) S. 34.   106) S. 36.
105) §. 15.   107) S. 37.
108) Chron. Pruss. P. III. c. 32. p. 119.

Verfaſſer einſehen. Haben denn andere Europäiſche Mächte vor 1648. keine Verträge mit der Republik der vereinigten Niederlande geſchloſſen?

Was die hernach bemerkte Freygebigkeit Herzog Suantepolks, gegen verſchiedene Klöſter betrift [109], ſo war dieſelbe dem Geſchmacke ſeines Jahrhunderts vollkommen gemäß, und fällt dabey eben nichts erhebliches zu erinnern vor. Hingegen bey der Erwähnung des um 1255. über Nakel entſtandenen Streits, muß ich nothwendig hinzuſetzen, daß ſich um dieſe Zeit genugſame Merkmale zeigen, wie wenig die Polniſchen Herzoge geſonnen geweſen, ihre Anſprüche auf die Länder Suantepolks aufzugeben, ſobald ſich nur eine Möglichkeit, ſolche auszuführen, zeigte.

Aus dem nämlich, was Boguphalus, der noch im Jahr 1249 in ſeinem eignen Namen ſpricht [110], von der Pommeriſchen Beſatzung auf dem Schloſſe Santhok, die den Schleſiſchen Herzogen Henrico und ſeinem Sohn Boleslao bisher gedient hatte, erzählt, daß ſie ſich 1245 an des letzteren Mitwerber Przemislium freywillig ergeben habe, und 1247 darauf von Barnym, den er Dux Slauorum ſeu Caſchubarum nennt, vergebens angegriffen worden [111], iſt, wenn man beſonders den Barnimo gegebenen Titel, und das was er vorher, 1232 von Henrico Barbato gemeldet hatte [112], dabey bemerkt, auch ſich erinnert, daß ſich um 1253 die erſten Anzeigen einiger Anſprüche auf Caſſuben von Seiten der Slaviſch-Pommeriſchen Herzoge hervorthun [113], ziemlich klar, daß Henricus Barbatus, wegen Entlegenheit der Oerter, und ſeiner übrigen in der Nähe habenden wichtigen Geſchäfte, den Slaviſch-Pommeriſchen Herzogen, wahrſcheinlicher Weiſe angetragen habe, das Caſſubiſche Land für ſich zu erobern, und es hernach unter Polniſchen Schutz zu beſitzen. Wie dann auch Wartislaus III, nachdem er das Jahr zuvor dem Herzoge Boleslao gegen Herzog Caſimir von Cujavien beygeſtanden [114], 1259 in Geſellſchaft des Biſchofs von Camin und der Polniſchen Hülfsvölker, einen Verſuch auf Caſſuben wagte, auch Anfangs ſo glücklich war, bis Stolpe vorzubringen, endlich aber doch von dem durch ſein hohes Alter noch nicht ent-

F 2 kräfte-

---

109) §. 16.
110) ap. Sommersb. Ib. p. 64.
111) Ib. p. 62.

112) Ib. p. 59.
113) v. Dreg. Ib. p. 544 ſq.
114) Basko ap. Sommersb. Ib. p. 71.

kräfteten Suantepolk gezwungen wurde, sich mit Verlust zurück zu ziehen, bey welcher Gelegenheit ihn Basko gleichfalls, Ducem Caszuborum nennt [115]). Glücklicher war sein Nachfolger Barnim I, nachdem mit dem Tode des Grossen Suantepolks zugleich das Glück seines Hauses abgestorben schien. Die Veranlassung gab dem Herzoge Barnim vielleicht die Aufhebung des 1264 von Mestwin II, mit ihm zu Camin eingegangenen ganz unbefugten Erbvergleichs, man mag nun auf die fehlende Einwilligung des noch lebenden Vaters, und leiblichen Bruders, oder auf die gänzlich übergangene Zustimmung der rechtmäßigen Polnischen Oberherrschaft, Betracht nehmen. Daß aber um diese Zeit von Herzog Barnim in dieser Gegend etwas unternommen worden, lehret nicht nur die von demselben 1269 an das Caminsche Stift, wegen der von seinen Völkern erlittenen Kriegsschäden, geschehene Schenkung [116]), sondern es bedient sich auch Herzog Barnim gegen Ausgang des Jahrs 1267 zuerst des Cassubischen Titels: Barnim Dei gr. Dux Slauorum & Cassubie [117]), und erweiset sich, so wie auch schon nach der Mitte des vorhergehenden Jahrs [118]), durch Schenkung eines gewissen Dorfes, als würklichen Inhaber eines Theils von Cassuben [119]), da doch Suantepolk sich noch 1265 als einen Herrn dieser Gegend erwiesen hatte [120]). Indessen kehrten diese Eroberungen sehr zeitig an ihre alte Herrschaft zurück, und kaum hatte Herzog Barnim I. dem Kloster Bukew eine gewisse Schenkung 1268 bestätigt [121]), so zeigt sich noch in demselben Jahr Herzog Wartislaf [122]), und in dem gleich folgenden sein Bruder Mestwin II [123]), durch Bestätigung desselben Klosters, in allen seinen Gütern und Gerechtigkeiten, schon wieder als dortigen landesherrn, so wie auch Cassuben aus dem Titel Herzogs Barnimi I. wieder verschwindet.

Aus dem eben gesagten, ist leicht begreiflich, woher es komme, daß die Slavisch-Pommerischen Herzoge in der letzten Hälfte des dreyzehnten Jahrhunderts,

115) Ib. p. 72.	120) Ib. p. 488.
116) v. Dreg. Ib. p. 551. sq.	121) Ib. p. 536.
117) Ib. p. 516.	122) Ib. p. 537.
118) Ib. p. 501.	123) Ib. p. 555.
119) Ib. p. 512.	

hunderts, bey den alten Polnischen Schriftstellern zuweilen den Caßubischen Titel führen. Daß aber außer ihnen auch die Rügischen Fürsten von eben denselben Caßubische genannt werden, zeigt sich in der Geschichte der unglücklichen Lucardis, Gemahlinn Premislai II, wenn man den Bericht Anonymi Archidiaconi Gnesnensis unter dem Jahr 1273 [124], mit der Nachricht eines andern Anonymi, der eigentlich im Jahr 1327 aufhört, obgleich ihm jetzt ein späterer Zusatz anhängt [125], vergleicht, welcher Sie beym Jahr 1283 eine Tochter Nicolai Ducis Caßubitarum nennt; da sie bey ersterem hergegen eine Tochter cujusdam Ducis Barnimi heißt, wo die darauf folgenden Worte: Et ob hoc idem Dux ipsam tenebat penes se, quia sibi attinebat, die bey einer leiblichen Tochter eine sehr abgeschmackte Anmerkung seyn würden, deutlich zeigen, daß er dem Zeugniß des andern nicht widerspricht, und nothwendig zwischen den Worten: cujusdam und Ducis, im jetzigen Contexte ein anderes Wort, etwa Cognati oder dergleichen ausgefallen seyn müsse. Sie war also eine nahe Anverwandtinn Herzog Barnims, dem zwar eben daselbst eine unbekannte Terra Perlawie zugeeignet wird, die aber durch die in dieselbe gesetzte Stadt Sczeczin, Stettin, genugsam erkenntlich ist, nämlich Sclawiae, welches unstreitig die rechte Leseart ist, und das alte Gebiete Herzog Barnims anzeigt. Der Name ihres Vaters ist bey dem andern Schriftsteller gleichfalls verstümmelt. Weder von Dreger, noch sonst jemand zeigt um diese Zeit einen Nicolaus, Herzog in Caßuben. Hergegen lebte damals der berühmte Rügische Wizlaf, dessen in Polen ungebräuchlicher Name leichte eine solche Verwandlung hat ausstehen können. Da er mit Herzog Barnim in Verwandtschaft stand, so konnte seine Prinzeßinn sich gar wohl damals an desselben Hofe aufhalten. Der ihm beygelegte Titel lehrt übrigens deutlich genug, daß er nicht bloß einige kleinere Stücke von Caßuben, als Heyrathsgut seiner Gemahlinn besessen habe, sondern außerdem auf das ganze Land, wie wir oben seine eigne Aussage vernommen haben, Anspruch gemacht habe: Dies bestätigt also meine gleichfalls oben geäußerte Muthmaßung, daß der Ursprung davon in einer ehemals durch K. Waldemar II. geschehenen Belehnung zu suchen sey.

Ich

---

124) Sommersb. &c. R. Sil. T. II. p. 90.   125) Anonym. c. Kadlubk. edit. Ged. p. 41.

Ich komme zu unserm Verfasser zurück, wo ich bey dem folgenden §. [126]) eben nichts hauptsächliches anzumerken finde, wenn nur das von ihm darinn angeführte, alles nach Maßgabe der erweislichen Geschichte Herzog Suantepolks und seiner Söhne verstanden, und das ungegründete, wie billig, ausgemerzt wird.

Eben dies gilt auch von den nächsten beyden §. §. [127]), nur muß man sich bey der aus dem vortreflichen Gerkischen Codice Diplom. Brand. angeführten Urkunde von 1272 erinnern, daß wenn Mestwin II, wie nicht undeutlich zugegeben wird, zur Lehnsübergabe des Cassubischen Landes an die Brandenburgischen Markgrafen, gezwungen worden, die in derselben enthaltenen Ausdrücke ja eben sowohl, nicht nach seiner Willkühr, sondern nach dem ihm vorgeschriebenen Formular eingerichtet seyn können. Das unmittelbar vorher berührte, und zur Erläuterung dieses Umstandes nicht undienliche, gründet sich auch nicht bloß auf das Zeugniß des späteren Dlugossus, sondern der weit ältere Anonymus Archidiaconus Gnesnensis [128]) hat diese ganze Begebenheit unter den Jahren 1271 und 72 in ein hinreichendes Licht gesetzt, auf den ich mich der Kürze wegen beziehe. Er ersetzt uns also den von unserm Verfasser beklagten Verlust, wegen der eben um diese Zeit abgebrochenen Fortsetzung des Boguphalus durch den Posnischen Custos, Basko. Eben diese angeführte Stelle enthält auch einen neuen Beweis, woferne ein solcher ja nöthig ist, wie unzuverläßig das so gerühmte Chronicon Olivense, auch noch in Sachen, die sich gegen den Ausgang des dreyzehnten Jahrhunderts zugetragen haben, sey [129]). Denn Wartislaf, der unruhige Bruder Mestwins II, starb nicht in Elbing, sondern ließ sich, da er eben mit dem Vorhaben eines Einbruchs in Pommerellen umgieng, im Jahr 1271, krank von Wißhegrod nach Jungenleßlau bringen, wo er starb, oder ward auch nach seinem Tode erst nach Jungleßlau geführt, wenigstens erhellet so viel, daß er an letzterem Orte bey den Minoriten begraben wurde: intrauit castrum Wißhegrod, ibi cadens in aegritudinem mortuus est & sepultus est in Inniori Wladislauia apud Fratres Iuniores. Man sage, also nur nicht mehr, daß die Olivische Chronik durch ver-

---

126) §. 17.   128) ap. Sommersb. Ib. p. 89.
127) §. 18. 19.   129) S. 45.]

verschiedene Verfasser von Zeit zu Zeit fortgesetzt worden. Alles widerspricht diesem Vorgeben, nicht nur der Mangel einiger Anzeige davon, und der gleiche Styl durch das ganze Werkchen, sondern das eigne Geständniß seines Urhebers, gleich anfangs da er bey dem vorgeblichen Subislao Sen. deutlich anzeigt, daß er lange nach ihm gelebt habe. Vielleicht hat er zu seiner Zeit etwas, von dem gegen den Ausgang des dreyzehnten Jahrhunderts sich vielleicht oft in Elbing aufhaltenden, vielleicht auch alldort verstorbenen Vesimiro [130]), vernommen und denselben also mit gedachtem Wartislav verwechselt, welches wohl schwerlich ein gleichzeitiger Schriftsteller hätte thun können.

Ich habe so eben einen Theil des folgenden §. [131]) bereits erläutert; was das übrige betrift, so entwickelt es sich aus dem schon gesagten hinlänglich, wie wenig Ursache Herzog Mestwin II. gehabt, gegen das Herzogliche Slavisch-Pommersche Haus so wohl, als gegen die Markgrafen von Brandenburg, einige besondere Zuneigung zu unterhalten.

Es ist demnach sehr begreiflich, wie er sich, um mit unserm Verfasser zu reden, in der Folge an die Herzoge von Polen hängen können, und besonders seinem nahen Verwandten, dem Herzoge Premislao von Groß Polen so wohl gewollt habe. Ausser der schon angezeigten Ursache, hatte derselbe auch von seinen Vorfahren her, die gerechtesten Anforderungen auf sämtliche länder Herzog Mestwins II, die durch keinen Vertrag, noch weniger durch Verjährung, jemals waren aufgehoben worden. Es war also unnöthig, die Pommerischen landstände erst durch Geschenke und Pensionen, die freylich zuweilen Wunder thun, zur eventuellen Erbhuldigung zu vermögen. Es konnte ihnen die höchste Billigkeit dieser Einrichtung nicht verborgen seyn, und zugleich sahen sie, wie ersprießlich dieselbe für die allgemeine Wohlfahrt und den Ruhestand ihres Vaterlands war, da sie auf andere Art sonst einen blutigen und gefährlichen Successionskrieg unmöglich vermeiden konnten.

Da Premislaus also den gewünschten Zweck erhielt, so konnte es ihm gleichgültig seyn, ob er seinen Besitz auf diesen neuen, oder den älteren Titel gründe, da er sich zumal zur Unzeit auf das, insonderheit für den Herzog Mestwin II. unangenehme, Recht der Oberherrschaft berufen haben würde. Zu dem

130) S. 46.   131) §. 20.

dem ist auch der zweyhundert Jahre jüngere Dlugossus nicht von hinlänglichem Ansehen, daß man sich so genau an seine Worte binden dürfte; eines schließt auch, nach der bekannten Regel, das andere nicht aus. Es ist überdieß bekannt genug, daß man sich bald darauf, als keine Staatsklugheit weiter eine solche Erwähnung verbieten konnte, in dem Streite mit dem Teutschen Orden, Polnischer Seits auf sein habendes altes Recht zu Pomerellen berufen habe, auch dasselbe von auswärtigen Mächten damals erkannt, ja selbst vom Teutschen Orden, der doch so großes Interesse darunter hatte, nie gerade zu geläugnet worden, wobey es niemanden anstößig seyn kann, daß man sich, neben den deutlichsten unwidersprechlichen Gründen, auch zugleich nach dem Mauß der damaligen Kenntnisse, bisweilen auf einen fabelhaften Lechus, dem ja seine Periode so gut als einem Brennus u. a. zu gönnen ist, bezogen hat.

So lange also der Satz, daß die bekannten beyden Pommerischen Häuser, einen gemeinschaftlichen Stammvater gehabt, nicht gründlicher bewiesen wird, bleibt es allerdings eine unnöthige Frage, ob Herzog Mestwin II. und seine Landstände berechtigt gewesen, die vermeintlichen Agnaten zu übergehen [132]? Es brauchte keiner besondern Abneigung Herzog Mestwins gegen dieselben, obwohl sich auch dazu die Ursachen aus obigem leicht angeben ließen.

Hier muß ich des oben von mir übergangenen angeblichen vierten Beweises für die Verwandtschaft beyder Häuser nothwendig gedenken, als welcher nach des Verfassers eignem Urtheil der Sache das meiste Gewicht geben soll [133]. Daß die ganze von Herzog Mestwin II. vorgenommene Erbeinsetzung des Herzogs Barnim von Stettin, an sich unstatthaft gewesen, habe ich schon gewiesen, und sie wurde auch, nach v. Dregers Bemerkung, durch die nachherige Verfügung Herzogs Mestwin zeitig aufgehoben [134]. Ob aber aus dem Ausdruck: Consanguineo nostro, einige Stammvetterschaft folge, mögen diejenigen beurtheilen, denen nicht unbekannt ist, daß dem damals üblichen Canzleystyl gemäß, unter andern auch Kaiser Carl IV. den Herzog Albrecht von Meklenburg: Noster Consanguineus & Princeps, Dux Magnopolensis, nennt [135]; und doch war das Lützelburgische Haus ganz ver-

132) §. 21.
133) S. 15.
134) C. Pom. Dipl. p. 478.
135) Gerken C. D. Brand. T. II. p. 610.

verschiedener Herkunft von dem Meklenburgischen. Indessen wird niemand zu läugnen begehren, daß die beyden Pommerischen Herren nicht in einige Verwandtschaft von weiblicher Seite gestanden hätten, nur ist nicht zu übergehen, daß Herzog Mestwin II. die Ursache der Erbeinsetzung gar nicht in einiger, noch so entfernten Verwandtschaft setzt, sondern sich dagegen der merkwürdigen Worte: De mera nostra liberalitate bedient, da doch hier die schicklichste Gelegenheit gewesen wäre, des gemeinschaftlichen Stammes zu gedenken, falls ihm etwas davon bekannt gewesen wäre.

Was Herzogs Bugislaf, 1291 ausgefertigte Bestätigung der Besitzungen einiger Klöster betrift, so hatte ja nach Aussage derselben, sein Vorfahre Barnim dem Oliwischen Kloster ehemals einige Einkünfte zu Stettin und Colberg angewiesen, so wie das Kloster Bukow auch verschiedenes in seinem Gebiete besaß. Sollten sie also die Bestätigung darüber nicht bey dem Nachfolger gesucht haben, Daß er ihnen dieselbe aber auch zugleich über alle ihre übrigen Besitzungen ertheilte, und sie dadurch im Nothfall seines kräftigen Schutzes versicherte, war ja nicht so was unerhörtes,' und gereichte weder zu ihrem Schaden, noch zu einigem Nachtheil des Ansehens ihrer landesherrschaft, wenn man die Sache nur aus dem Gesichtspunkte damaliger Zeiten fasset. Eben dieselbe Gnade widerfuhr bey dieser Gelegenheit auch dem Kloster Sarnowiz, und die Ursache steht dabey, es gehörte zu der Oliva. Wie kommt es aber, daß das schon längst bestehende Sukowische Kloster, nebst dem Pölplinischen, das es, mag auch sonst gestiftet seyn, wenn es wolle, damals gewiß bereits stand [136]), nicht gleichfalls in diese Bestätigung eingeschlossen wurden? Wußte man dort etwa nichts von der bevorstehenden Erbfolge? Oder besaßen diese Klöster nichts innerhalb des Gebiets jenes Herzogs? Der Leser entscheide.

Daß der bey Ertheilung dieses Diploms gegenwärtige Herzog Mestwin, in demselben: Mystwigius dilectus cognatus genannt wird, kann nach dem oben ausgeführten, für niemanden einige Schwürigkeit haben, da Cognatus noch weniger sagt, als selbst Consanguineus.

Daß

---

136) Henneb. Erll. b. Pr. LL. S. 353.

Ⓖ

Daß aber Herzog Mestwin bey dieser Verhandlung zugegen gewesen, streitet nicht im geringsten gegen die im vorhergehenden Jahr von ihm vollzogene Erbeinsetzung Herzogs Premislai, und hatte er gar nicht nöthig, sich ihr auf einige Art zu widersetzen, indem ja in dieser ganzen Urkunde mit keinem Worte des vorgegebenen Slavisch-Pommerischen Erbrechts gedacht wird. Durch dieses soviel bedeutende Stillschweigen, bey einer Gelegenheit, wo dem gegentheils zugestandenen zu Folge, jenes Erbrechts nothwendig hätte Erwähnung geschehen müssen, fällt also das ganze, auf diese Urkunde willkührlich gebauete, System über den Haufen.

Und wenn haben auch jemals die Slavisch-Pommerischen Herzoge, icht das ihnen itzt zugeschriebene Succeßionsrecht mit Nachdruck behauptet; denn daran könnten sie freylich andere äußere Umstände gehindert haben, sondern nur bey günstiger Gelegenheit, woran es doch mehrentheils nicht fehlte, sich etwas von einem dergleichen Rechte merken lassen? Wenn haben sie je dasselbe durch einige Protestationen zu verwahren gesucht? Da die ganze ältere Geschichte bis in das sechzehnte Jahrhundert herunter hievon schweigt, auch bey allen bisherigen Nachsuchungen in den Archiven sich keine Spur davon auftreiben lassen, so glaube ich, werden wir alle beyde am besten thun, auch weiter nicht daran zu gedenken.

Man hat zwar in Ermangelung anderer Gründe, seine Zuflucht, in dem von den Slavischen Herzogen angenommenen Pommerischen Titel gesucht; allein dieser an sich schon sehr unvollständige Beweis, verräth seine innerliche Schwäche noch mehr, wenn man bedenkt, daß schon Casimirus I. der sich noch 1170. dem Stiftungsbriefe des Schwerinschen Bisthums: Calemarus (lies: Casemarus) de Demmin, nebst andern Zeugen, unter denen auch Pribizlaus de Kitzin, der Stammvater des Herzoglichen Mecklenburgischen Hauses vorkommt, unterschrieben hatte [137], so wie seine Nachfolger noch 1226. in einer Urkunde B. Brunwardi von Schwerin, Domini Dyminenses heißen [138], sich 1172 [139] und 1175 [140], Kazimarus Pomeranorum Princeps, genannt

137) Staphorst Hamb. Kirchengesch. Th. 1. B. 1. S. 583.
138) v. Dreger Ib. p. 115.
139) Ib. p. 14.
140) Ib. p. 18.

genannt hat; und dies war ja lange vor der 1264. versprochenen Erbfolge. Man darf auch nur den Cod. Diplom. Pom. ein wenig durchgehen, so zeigt es sich, wie unbeständig die Slavisch-Pommerischen Herzoge in ihrer Titulatur noch lange nachher gewesen, wie solches v. Dreger selbst erkannt hat [141]. läßt sich also hierauf wohl nur mit einigem Anschein das geringste bauen?

Daß diese Herren aber endlich den Pommerischen Titel auf immer angenommen, ja dieser mit der Zeit gar ihr Haupttitel geworden, kann ja nicht von einem gesuchten Erbrecht auf die Lande der Pommerischen Herzoge zu Danzig entspringen; denn sonsten würden sie sich desselben sogleich nach Abgang jenes Hauses bedient haben. Vielmehr da sie sich desselben, so wie des Cassubischen Titels, erst seit 1316. für beständig zu gebrauchen angefangen, möchte dies etwa daraus herzuleiten seyn, daß sie sich in den damaligen Unruhen, um selbige Zeit der Gegend bis an die Leba bemächtigt hätten. Denn daß sie bey dieser Gelegenheit nicht versäumt haben, ihren Vortheil zu befördern, ist ohne auf das Wort des allzuneuen Kantzow zu achten, ohnedem schon bekannt, wiewohl sie nicht so frühe, als er angegeben, sondern erst bey abnehmender Macht Markgraf Waldemars, zum Besitz von Cassuben gelangten, auch nachher einen Theil davon, so wie er gewonnen war, wieder verlohren.

Alles was die zu neuen Pommerischen Schriftsteller noch ferner von dem Hasse der Landstände Herzog Mestwins, gegen die Stettinischen Herren, wegen der von ihnen eingeführten deutschen Einwohner und Sitten hinzugedichtet haben, und die darauf gegründete Meynung des von Dreger, über die von ihm ohne Beweis angenommene alte Gränzen dieser Herren [142], verschwindet, so bald es von dem Lichte der Urkunden bestrahlt wird. Es findet sich nicht nur, zu einiger Anzeige, daß die deutschen Sitten damals eben nicht so unleiblich in Cassuben gefunden worden, im Jahr 1265. ein Deutscher Titel unter den Zeugen einer Urkunde Herzog Suantepolks, nämlich: Vitico Borgrunius, vermuthlich von Schlage, Slavena, allwo dieselbe ausgefertiget worden [143]: sondern es ist auch sonst von demselbigen Herzoge zur

(G) 2   Gnü-

141) Ib. p. 15.   143) Ib. p. 487.
142) Ib. p. 128. 346.

Gnüge bekannt, daß er eben so wohl, als seine westlichen Nachbarn, deut-
sche Anbauer ins Land zu locken sich bestrebt habe [144]). Ja er äusserte bereits im Jahr 1235. ein Verlangen, seine Stadt Danzig mit deutschem Rechte
zu bewidmen [145]), weswegen auch mit seiner Genehmigung die Lübecker 1266
ihr Recht den Danzigern mittheilten [146]). Daß Herzog Mestwin übrigens
hierinn nicht verschieden von seinem Vater gedacht habe, erhellet aus einer
1264. gegebenen Urkunde [147]).

Nach allem dem, was ich bisher den Scheingründen unsers Verfassers
entgegen gesetzt habe, würde es überflüßig seyn, wenn ich mich itzt in eine nähere Untersuchung, über den wahren Ursprung des mit Mestwin II. ausgegan-
genen Pommerischen Hauses, einlassen wollte. So viel ist wohl höchst wahrscheinlich, daß der erste Ahnherr desselben in Pomerellen, irgend eine Polnische Standesperson gewesen. Ob sich aber mit einiger Zuversicht, aus der
von den Dänischen Geschichtschreibern, dem Herzoge Mestwin I, gegebenen Benennung, aus dem hohen Ansehen, in welchem Siro zu seiner Zeit am Polnischen Hofe stand, und sonderlich aus der frühe ausgebreiteten Sage, von
der zahlreichen Nachkommenschaft Lestko III, und den derselben angewiese-
nen Apanagen [148]), noch etwas mehreres, daß diese Herren nämlich entweder
aus dem älteren, mit Popelone abgegangenen regierenden Hause, oder auch
aus dem Piastischen Geschlecht, und von Herzoglichem Polnischen Ge-
blüte gewesen, schließen lasse; das mögen andere, denen die dazu nöthigen
Hülfsmittel nicht abgehen, weiter erforschen. Nicht als ob die eben erwähnte
Erzählung, so roh wie sie im Boguphalus da vor uns liegt, anzunehmen
sey? Reinesweges. Genug, daß dieses allmählig immer mehr ausgedehnte
Mährchen, doch einigen Grund in der Ueberlieferung des Alterthums haben
kann. Vielleicht hat der Haß der älteren Polnischen Schriftsteller gegen H.
Suantepolk, sie gehindert, sich etwas von seiner Verwandtschaft mit dem alten Herzoglich Polnischen Hause merken zu lassen, so wie nachgehends Dlugessus ihn, aus Irrthum, zu dem in dem benachbarten Cassuben lange blü-
henden Geschlechte der Greifen zählet. Auf eine ähnliche Art mit eben gedachtem

144) Ib. p. 344. 45.
145) Preuves v. Defense du Droit du
Roi &c. Preuv. justif. p. 3.
146) Dreyers Samml. vermischter Ab-

handlungen. 1ster Theil. Seite 445-72.
147) v. Dreg. Ib. p. 479.
148) Boguph. ap Sommersb. T. II.
p. 22-24.

tem Hause, scheinen auch die Vorfahren Mestwins II. nicht zwar immer dem gesammten Pomerania superior, aber doch zufolge eines gewissen erblichen Rechts, einem Theil davon, dem Palatinatus Gedanensis, um ihren Fürstlichen Unterhalt daraus zu nehmen, vorgestanden zu haben.

III.

Was endlich die Markgräflich Brandenburgische Lehnsgerechtigkeit über Pommern betrift [149], so ist darunter offenbar, da nur von einem einzigen Ducatu Pomeraniae in der Urkunde die Rede ist, weiter nichts, als derjenige Ducatus Pomeraniae zu verstehen, der seit dem vorhergehenden Jahrhunderte zum Deutschen Reiche gehört hatte. Das Polnische Pommern hingegen geht diese Kaiserliche Belehnung auf keine Weise etwas an. Und wie hätte auch nach dem damals geltenden Staatsrechte, der Kaiser etwas über die Länder anderer freyen christlichen Prinzen, die weder unter dem Bann, noch unter der Reichsacht lagen, ohne sie durch Krieg zu zwingen, auf eine gültige Art verfügen können?

Was die Brandenburgischen Markgrafen eigentlich zum Ueberfall K. Premislai bewogen habe, lehret nicht sowohl Dlugossus, als vielmehr der fast gleichzeitige Anonymus Archidiaconus Gnesnensis [150], der, da er in Groß-Polen gelebt, hierum leicht bessere Wissenschaft haben können, als der etwas ältere Krakauische Fortsetzer des Kadlubko [151].

Was sonst noch in diesem und den beyden letztern §§. [152] enthalten ist, mag alles, so weit es mit dem vorher von mir behaupteten bestehen kann, seine Richtigkeit haben; es gewinnt dadurch keiner von uns beyden etwas. Am wenigsten aber konnte dem Polnischen Rechte durch die Art etwas abgehen, wie zugestandener maßen, erst die Brandenburgischen Markgrafen, und nach ihnen der Teutsche Orden, zum Besitz der Stadt und des Schlosses von Danzig gelangten [153].

Ob die Kaufsumme, für welche der Markgraf Waldemar seine, wohl nur auf die überwiegende Macht der im ganzen Norden gefürchteten Waffen

G 3 dessel-

149) §. 22.
150) Sommersb. P. R. S. T. II. p. 90.
151) p. 43. Ed. Ged.

152) §. 23. 24.
153) S. 50. 51.

desselben, sich gründenden Ansprüche auf Pomerellen, dem Deutschen Orden überließ, groß [154]), oder wie es vorher hieß, geringe gewesen, ist wohl einerley, so bald man zugiebt, daß dieser Kauf vor viertehalb hundert Jahren geschlossen, und damals von beyden Theilen genehmigt und vollzogen worden. Es kann übrigens wohl seyn, daß Markgraf Heinrich unbilliger Weise, von dem Mitgenusse des aus dem Verkauf gelösten Geldes, durch die andern Markgrafen ausgeschlossen worden; was gieng aber dieses den Käufer an?

Muthmaßung gegen Muthmaßung, so könnte dieser Markgraf auch vielleicht sich zu dieser Unternehmung, die sich ja nicht auf die ihn gleichfalls betreffende Kaiserliche Belehnung gründete, gar nicht eingelassen, ja vielleicht Bedenken getragen haben, an dem ganzen Handel einigen Antheil zu nehmen. Daß man aber dasjenige, was Dlugossus und nach ihm Cromerus, von dem Titel der Erwerbung des Teutschen Ordens gesagt, um sie nur mit der Geschichte in Widerspruch zu setzen, auf die bezahlte Kaufsumme ziehen will, geht nicht füglich an: zehn tausend Mark Silbers sind noch allezeit für was sehr wesentliches gehalten worden, nur konnte es Dlugossus, nach seiner darüber hegenden Meynung, gar wohl ein Lucrum insperatum nennen.

Wer übrigens in der alten Geschichte und Landesverfassung von Preußen nicht ganz unerfahren ist, dürfte wohl schwerlich mit unserm Verfasser [155]), die den Preußischen Ständen, durch die härteste und langwierigste Tyranney, und Verletzung aller eingegangenen Verträge, abgezwungene Aufkündigung des Gehorsams, eine Empörung nennen; und hat gleich der damalige glorwürdige König von Polen, Casimirus III, in dem darüber entstandenen Kriege, durch mancherley zufällige Umstände gehindert, sich als Sieger keine besondere Ehre erwerben können, so verbleibt ihm dagegen der Ruhm, daß er über die vorigen von K. Casimir dem Großen durch einen Friedensschluß zwar aufgegebenen, durch die von dem T. O. so häufig gebrochenen Verträge aber schon längst wiederhergestellten, auch in dem erfolgten ewigen Frieden bestätigten, Königlich Polnischen Titel auf Pomerellen, dieselben noch mit dem schönsten, in den Augen aufgeklärter Menschenfreunde vermehrt hat: Die eigne Wahl eines freyen Volks.

154) S. 52. 53.　　　　　155) S. 54.